나는 이제
하고 싶은 말을
하기로 했다

# 나는 이제
# 하고 싶은 말을
# 하기로 했다

### 언제 어디서나 당당하게
### 원하는 것을 얻는 자기주장의 기술

강경희 지음

한스미디어

• 머리말 •

# 하고 싶은 말을 하는 법, 자기주장의 기술

### 당신은 지금 어떻게 말하고 있는가?
—

당신의 직장 상사는 학연이나 지연이 있는 직원들만 챙기고, 아무런 연고가 없는 당신은 별 볼일 없는 일만 시키고 있다. 옆자리 동료는 오래전 빌려간 돈을 아직도 갚지 않고 있으며, 친구들은 친하다는 이유로 막말과 함께 함부로 상처 주는 말을 하고 있다. 가족들도 예외는 아니어서 당신의 사생활에 쓸데없이 시시콜콜 참견하고 있다.

이런 상황에서 당신은 분명하게 대응하고 있는가? 아니면 무슨 말을 해야 좋을지 몰라 대충 얼버무리고 지나가고 있는가? 주위 사람들의 행동으로 불쾌감을 느끼고 불이익을 당했는데도 자신이 생각하는 것, 자신이 진짜 하고 싶은 말을 적절하게 표현하지 못한다면 당신은 '자기주장'을 하지 못하는 사람이다.

이 책은 당신이 곤란한 상황에 처하거나 갈등 상황에 놓였을 때 진정으로 하고 싶은 말을 명확하게, 그러면서도 상대와 보다 효과적으로 대화하기 위한 내용을 담고 있다.

　우리는 어려서부터 남을 위한 배려에 많은 시간과 에너지를 투자했지만 정작 자신이 어려운 상황에서는 어떻게 대화해야 하는지 배우지 못했다. 하고 싶은 말이 있는데도 "이런 말을 해도 될까?", "이상한 사람으로 생각하지 않을까?", "건방진 사람으로 보지 않을까" 고민하며 말하기를 주저했던 경험은 누구나 있을 것이다. 그리고는 상대와의 관계에서 자신이 유리할까 불리할까를 따져본 다음 자신이 불리하다고 판단하면 아무 말도 하지 않고 저자세로 지나간다. 반대로 자신이 유리할 경우에는 말할 필요성을 느끼지 못한 채 상대를 무능력한 사람으로 치부하고 고자세를 취한다.

　이처럼 아무 말도 하지 않고 대응하면 상황은 더욱 나빠진다. 그렇다고 공격적으로 대응하면 항상 불만에 차 있거나 싸움을 즐기는 사람이라는 이미지를 주어 손해를 보게 된다. 이래서는 곤란하다.

해답은 효과적으로 자신을 표현하는, 즉 '자기주장'을 하는 것이다. 자기주장은 상대를 존중하면서 대화하는 커뮤니케이션 기술이다. 자기주장이라고 하면 상대에 대한 배려가 없다거나 공격적이거나 이기적이라는 이미지를 떠올리는 사람도 있지만, 이것은 어서티브(Assertive: 자기주장이 강한)와 어그레시브(Aggressive: 공격적인)를 혼동하기 때문에 생긴 오해다. 일상생활에서 자신의 태도와 입장을 분명하게 하면 상대한테 이용당하지 않고 불필요한 오해를 받지 않아 오히려 이익이 되는 경우가 많다. 처음부터 분명하게 말하지 않으면 귀찮은 일을 억지로 떠맡게 되거나 골치 아픈 뒤치다꺼리만 하게 될 뿐이다.

게다가 자기주장을 하지 않는 사람은 어려운 일이 생겼을 때 앞뒤 생각하지 않고 어려운 일을 모두 떠맡는다. 결국 'No'라고 확실하게 말하지 못한 자신한테 화가 나고 일을 시킨 사람한테도 분노를 표현하면서 인간관계가 꼬이게 된다. 반면에 효과적으로 자기주장을 하면 인간관계도 원만해진다. 상대를 피하지 않아도 되고, 싸움꾼처럼 공격하지 않아도 된다. 자신에 대해 더욱 긍정적인 확신을 갖게 되고, 자기 신뢰와 정직을 바탕으로 하는 자신감을 갖고 인간관계를 할 수 있게 된다. 물론 자기주장만으로 모든 문제가 해결되는 것은 아니다. 하지만 상대를 무시하지 않고 부당하게 공격하지 않으면서 보다 개방적이고 솔직한 커뮤니케이션을 할 수 있다.

하고 싶은 말을 효과적으로 할 수 있는, 즉 '자기주장'은 훈련히면 누구나 할 수 있는 커뮤니케이션 능력이다. 이 책은 자신감이 없어서 손해 본다고 생각하거나 혹은 어려운 상황에서 어떻게 대응해야 할지 모르는 사람, 커뮤니케이션 능력을 향상시키고자 하는 사람을 위한 책이다. 모쪼록 보다 자신감 있고 당당하게 대화할 수 있는 데 작은 도움이 될 수 있기를 바란다.

강경희

• 목차 •

**머리말** 하고 싶은 말을 하는 법, 자기주장의 기술 / 004

## CHAPTER 1 나는 왜 하고 싶은 말을 못하는가?

01 나도 모르게 잃어버린 자신감(Self-Esteem) / 013
02 하고 싶은 말을 하지 못하면 공격적이거나 수동적이 된다 / 018
03 순종적인 사람이 되라고 훈련받았다 / 022
04 대등한 관계에서 대화해 본 적이 없다 / 026
05 모두에게 사랑받고 싶다는 욕구가 있다 / 029
06 자신한테 주어진 권리를 잊고 있다 / 037

## CHAPTER 2 자신의 생각을 확실하게 표현하는 기술

01 자신의 요구를 당당하게 말하는 비결 / 045
02 대화하기 전에 머릿속을 정리한다 / 050
03 분위기를 만든다 / 056
04 첫마디가 중요하다 / 059
05 자기주장을 위한 마음자세 / 063
06 제대로 칭찬하고 칭찬받는 기술 / 069
07 관계를 나쁘게 하지 않으면서 'No'라고 말하는 기술 / 077
08 비난에 대처하는 기술 / 091
09 자기주장을 망치는 언어습관을 자각한다 / 099
10 어려운 말은 예행연습을 한다 / 109

## CHAPTER 3 인간관계의 갈등을 해결하기 위한 기술

01 부드럽지만 단호하게 말한다 / 115
02 상대가 부탁을 들어주도록 말하는 기술 / 122
03 상대의 말을 잘 듣고 경청한다 / 127
04 적을 만들지 않는 대화 기술 / 132
05 상대와 싸운 뒤에 효과적으로 사과한다 / 137
06 상대의 마음을 열게 하는 질문 기술 / 142
07 말하기 어려운 관계를 바꾼다 / 148
08 좋은 결과를 위해 긍정적으로 말하고 행동한다 / 153
09 의견이 달라도 싸우지 않는다 / 157

## CHAPTER 4 자신의 감정을 표현하는 기술

01 감정을 억압하지 않는다 / 163
02 상처 주지 않고 감정을 표현한다 / 166
03 왜 감정을 표현하지 않는가? / 170
04 건전하게 분노를 표현하는 기술 / 177
05 태도로 전달한다 / 183

## CHAPTER 5 상황별로 살펴보는 대화의 기술

01 직장 동료가 자신의 호의를 악용할 때 / 193
02 권위적인 상사가 무리한 요구를 할 때 / 196
03 성희롱에 맞닥뜨렸을 때 / 199
04 상사가 사적인 심부름을 시킬 때 / 202
05 고객의 클레임에 대응할 때 / 204
06 인격에 대한 모욕적인 공격을 받았을 때 / 207
07 업무적인 친절을 개인적인 호감으로 착각할 때 / 209
08 부부싸움이 벌어졌을 때 / 211

## 1
CHAPTER

# 나는 왜
# 하고 싶은 말을 못하는가?

언제 어디서나 자신이 하고 싶은 말을 당당하게 할 수 있는 사람이 되고 싶다면, 나도 모르게 잃어버린 자신감부터 찾아야 한다.

Assertive
Communication
Skill

ASSERTIVE COMMUNICATION SKILL

# 나도 모르게
# 잃어버린 자신감(Self-Esteem)

 하고 싶은 말, 꼭 해야 할 말이 있는데 차마 입이 떨어지지 않는다. 하고 싶은 말을 '안 하는 것'이 아니라 '못 하는 것'이다. 안타까운 일이 아닐 수 없다.

 자신이 하고 싶은 말, 자신의 주장을 당당하게 말하지 못하는 이유는 '자신감'이 부족하기 때문이다. 자신감이란 단어는 자부심, 자긍심 혹은 자기 존중감으로 대신할 수도 있는데, 자신에 대한 자신감이 없으면 하고 싶은 것을 할 수 없고, 할 수 있는 것조차도 하지 않는다. 그 결과 자신은 아무것도 할 수 없다고 생각해 더욱 자신감을 잃어버리고 무기력과 자기비하의 악순환에 빠지게 된다.

 가령 자신감이 없으면 이번주 일요일 동창 모임이 다가올수록 자신이 가지 말아야 할 이유를 찾는다. '어차피 이번 모임은 재미없을 거야'라고 미리 단정하거나 '난 말도 잘 못하는데 그냥 조용히 밥만 먹고 오자'라고 마음먹는다. 결국 어찌어찌 모임에 갔더라도 누구와도 반갑게 대화하지 못하고 사람들 속에서 그림자처럼 섞여 있다가 "그것 봐. 넌 역시 아무 말도 못하는 바보잖아"라고 스스로 타박하며 집으로 돌아온다. 이러한 부정적인 악순환은 웬만해선 벗어나기 어렵다. 하지만 당신이 말을 하지 않으면 상대방이 당신의 말에 관심이 있는지 어떤지 알 수 없다. 결국 말을 하지 않으면 손해 보는 것은 당신 자신이다.

직장에서도 자신감이 없으면 원하는 일을 맡지 못한다. 당신이 중심이 되어 일을 했더라도 사람들 앞에서 발표하지 못하고 그 역할을 다른 사람한테 맡긴다. 그 결과 사장한테 칭찬받는 사람은 발표한 사람이 되고, 당신은 뭔가 모르는 불만이나 불평과 같은 부정적인 감정으로 가득 차게 된다.

친구 관계에서도 마찬가지다. 당신이 친구들에게 도움이 되고자 아무리 열심히 노력했더라도 정작 도움이 필요할 때 당신을 도와주는 친구가 없다. 그래도 당신은 친구한테 피해를 주지 않기 위해 도와달라는 말조차 하지 않는다. 자신감이 없으면 자신을 친구와 자주 비교하게 된다. 상대가 자신을 어떻게 평가하고 있는지 항상 불안감을 갖고 "나는 못하는데 너는 잘하네"라며 질투한다.

또한 자신이 상대보다 나은 점을 내세우면서 "이것만큼은 내가 이긴다"는 말을 자주 한다. 그 결과 자신이 지게 되는 경우에는 자존심에 심각한 상처를 받게 된다.

상대를 무시하거나 허세를 부리거나 자기 자랑을 지나치게 늘어놓는 사람 역시 자신감이 없는 사람이다. 이런 사람은 자신 안에 숨겨진 인정하고 싶지 않은 열등감이나 콤플렉스에 사로잡혀 자신은 다른 이들에게 인정받지도, 사랑받지도, 존경받지도 못하고 그 누구도 자신을 좋아하지 않는다고 생각한다. 혹 다른 사람에게 칭찬을 받아도 그것을 순수하게 받아들이지 않는다. 자신은 남들의 칭찬이나 사랑을 받을 자격이 없다고 믿기에 남들의 칭찬을 그대로 받아들이지 못하고 부정적인 생각으로 스스로를 얽어매고 있는 것이다.

그렇다면, 어떻게 해야 자신감을 가질 수 있을까?

정답은 자신이 진정 원하고 바라는 것을 행동하고 실행하는 것이다. 아무리 당신이 자신감을 갖고 싶다고 생각해도 실제로 행동하지 않으면 자신감을 가질 수 없다. 즉 '자기주장'을 하라는 것이다. 자기주장은 자신이 원하고 바라는 것을 상대한테 말하는 것이며, 자신감이 충만해야 가능한 일이다.

그렇다면 어떻게 해야 자기주장을 할 수 있을까? 자신감을 없애는 부정적인 생각, 실패할지 몰라 하는 불안감과 같은 부정적인 생각을 버려야 한다. 자신감이 먼저인가 실행이 먼저인가 생각할 필요는 없다. 중요한 것은 행동함으로써 부정적인 생각을 하지 않는다는 것이다.

그러기 위해서는 자신이 원하는 것이나 바라는 것을 상대한테 확실히 말하는 것이 중요하다. 처음 가 보는 여행지에서 길을 잃어버렸다면 지나가는 사람한테 지금 자신이 있는 곳이 어디인지, 목적지에 가려면 어떻게 해야 하는지 물어보는 것이 가장 좋은 방법이다(물론 스마트폰을 이용하는 것도 방법이겠지만 이 경우는 제외하자). 만약 왠지 쑥스럽다거나 다른 사람에게 피해 줄 것이 두려워 주저한다면 아까운 시간과 소중한 추억을 허비하게 될 것이다. 상대한테 피해를 주지 않을까, 거절하지 않을까 등등 오만가지 신경이 쓰여 입도 열어보지 못하는 사람들, 진정 하고 싶은 말을 하지 못하는 사람들, 바로 자기주장을 하지 못하는 사람들이다.

자신이 생각하는 바를 말하지 못하면 스트레스가 된다. 가령 옆집에 사는 사람이 밤중에 큰 소리를 낸다고 하면 잠을 잘 수 없게 된다. 이럴 때 조용히 해달라고 말하지 못하면 화가 나고 잠을 잘 수 없어 스트레스를 받게 된다.

친구가 사람들 앞에서 당신의 사적인 문제를 함부로 얘기했다고 하자. 자기주장을 하는 사람은 "그런 말은 사람들 앞에서 하지 마"라고 확실하게 말한다. 하지만 자기주장을 할 수 없는 이들은 그저 화를 억누르면서 스트레스만 쌓아둔다. 폭탄의 심지가 점점 더 짧아지는 것이다.

## 자신감이 부족하면 자기주장을 할 수 없다

- 상대에게 상처를 줄지 몰라
- 갈등이 생길지 몰라
- 웃음거리가 될지 몰라
- 말해봤자 소용이 없을 거야
- 내 진가를 발휘하지 못할 거야
- 내가 가치 없는 사람이라는 것을 모두 알 거야
- 그 사람들보다 내가 잘난 게 없어

# 하고 싶은 말을 하지 못하면
# 공격적이거나 수동적이 된다

우리는 자신이 바라는 바를 얻지 못하면 쉽게 공격적으로 변한다. 폭력으로 자신의 이익을 관철할 수 있다는 잘못된 생각 때문이다. 언어폭력을 포함한 모든 공격적인 행위는 기대한 것이 충족되지 않았을 때 일어난다. 예를 들어 큰 소리를 치고 화를 내서 원하는 것을 손에 넣었다면 다음에도 같은 방식을 사용한다. 이런 방법을 반복적으로 사용해 습관이 되기도 한다.

가령, 당신이 지방 출장을 가기 위해 호텔에 방을 예약했다고 하자. 출장지에 도착해 호텔 프런트에서 이름을 말하며 키를 달라고 하자 명단에 없다고 한다. 알고 보니 당신이 예약을 잘못한 실수였지만 당신은 화가 치밀어 "무슨 소리를 하는 거야!"라고 소리치며 어떻게 하든 당장 방을 내놓으라고 윽박지른다. 프런트 직원이 호텔에 급한 행사가 생겨 남은 방이 없다고 답하자 더욱 화가 나 "방을 내놓을 때까지는 한 발짝도 움직이지 않겠다!"고 소리 지른다. 그리고 대부분 이런 작전은 성공한다.

아이들을 일일이 간섭하는 부모나 부하를 신뢰하지 않는 상사가 공격적인 사람의 대표적인 모습이다. 비난하는 듯한 말투나 강압적인 태도는 겉으로 보기에 강하게 보일지 모르지만 실제로는 자신감이 부족해서 나타나는 것이다. 정말 강한 사람은 표독스럽거나 험악한 행동을 하지 않고, 자연스럽게 행동한다.

본인은 악의를 갖고 공격적으로 행동하는 것이 아니라고 생각할지도 모른다. 자신이 옳으니까 자신의 생각대로 해야 한다고 생각하고 있을 뿐이다. 상대를 신뢰하지 않기 때문에 강요하는 것이고, 상대의 가치관을 부정하는 것이라고 생각하지 못한다.

수동적인 사람은 상대의 말을 순순히 따르므로 순종적인 사람처럼 보이지만, 지나치게 상대의 기분을 생각하거나, 상대를 두려워해 자신의 생각을 말하지 못한다. 상대가 강하게 나오면 하고 싶은 말을 하지 못하고 싫은 일이라도 묵묵하게 떠맡는다. 소극적으로 행동하고 싸움이나 경쟁을 피한다. 때로는 성실한 모범생으로 보이는 경우도 있지만, 싫은 일을 부탁받아도 'No'라고 말하지 못하고, 주변 사람들이 부탁하는 것은 뭐든지 들어준다. 일단 맡은 일은 책임감 있게 하지만 자신이 힘들더라도 도와달라고 말하지 않는 사람이다. 주위 사람들한테 불만이 있어도 굳이 분란을 일으키지 않으려고 참고 지나간다.

상대가 자신보다 강하면 수동적으로 행동한다. 상대에게 하고 싶은 말을 하지 못하는 수동적인 사람은 겉으로는 상대를 배려하는 것처럼 보이지만, '미움받고 싶지 않다, 상처받고 싶지 않다'라는 생각 때문에 수동적으로 행동한다. 집단 괴롭힘이나 따돌림, 왕따와 같이 드러내지 않고 수동적으로 공격하는 사람도 있다. 공격적인 행동이든 수동적인 행동이든 이런 행동이 강하면 강할수록 마음은 병들어 있고 자신감이 없는 사람인 경우가 대부분이다.

사실 우리 모두는 수동적인 성향과 공격적인 성향을 함께 가지고 있다. 어떤 사람에 대해서는 공격적이지만, 또 어떤 사람에게는 수동적이 되기도 한다. 이러한 양면성이 올바르게 균형을 맞추어야 하지만, 그렇지 못하고 어느 한 쪽이 극단적으로 강하게 나타나면 다른 이들에게 비난을 받거나 이용당하는 것이다.

이런 성향은 태어날 때부터 가지고 나온 유전적인 기질일까? 그렇지 않다. 자라나면서 성장 환경과 인간관계에 영향을 받은 것이다. 위의 두 가지 유형은 자신의 약한 마음을 지키려고 하는 심리가 왜곡돼서 필요 이상 강하게 표현하고 있거나 필요 이상 소극적으로 행동하게 된다. 이래서는 올바른 인간관계를 형성하기 어렵다. 결국, 공격적인 사람도 수동적인 사람도 자신감의 부재(不在)

가 그 원인인 것이다.

    자기주장은 누구를 지배하거나 지배받지 않으면서도 대등한 관계에서 커뮤니케이션하는 것이다. 그러므로 누구나 훈련을 통해 자기주장을 할 수 있게 되고, 자신의 행동을 바꿀 수 있다.

# 순종적인 사람이 되라고
# 훈련받았다

40대 이상이라면 누구나 어린 시절 "어른에게 말대꾸한다"라며 혼난 기억이 있을 것이다. 어른 말씀에는 아무런 토를 달지 말라고 교육받던 시절이 불과 수십 년 전이다. 훈육을 빙자한 체벌이나 학대에도 묵묵히 참고 순종하는 것이 '도리'라고 훈련받던 시절이었다. 아이들은 부모나 선생의 얼굴색을 살피고 언제나 얌전하게 행동해야만 했다. 아이들이 자신의 주장이나 권리를 말하려 들면 어른들은 이렇게 말했다.

"엄마한테 그런 말 하지 마!"

"버릇없이 그게 무슨 짓이야?"

"그런 식으로 말하면 가만 안 둘 거야!"

어른들의 말을 듣지 않으면 아이들은 미움받거나 버림받을지도 모른다고 생각했다. 교사들은 불만이 없는 학생들을 칭찬했고, 다른 의견을 말하는 아이는 꾸짖고 경계했다. '권위'라는 이름의 몹쓸 성벽이었다. 부모님 말씀 잘 듣고 남들을 도와야 한다고 배웠고, 정해진 규칙은 항상 잘 따라야 착한 아이라고 배웠다. 자신의 주장보다는 겸손과 희생이 우선이라는 가치관이 심어졌다.

성인이 되어서도 이러한 사고와 습관은 바뀌지 않는다. 다른 사람의 부탁은 쉽게 거절하지 못하고 직장생활 역시 튀는 것보다는 상사가 지시한 일만을 수행한다. 자신의 주장을 너무 강하게 말하면 승진과는 거리가 멀어지고 심지어 실직할 수 있다는 사실도 깨닫게 된다. 때문에 그저 적당히, 상사와는 부딪히지 않게, 괜한 문제를 일으키지 않도록 조심하면서 일하는 '올바른' 직장인이 되어간다. 이런 소극적인 생각과 행동은 가정생활이나 친구관계 혹은 인간관계로 확대되어 다른 사람이 어려운 부탁을 해도 쉽게 'No'라고 말하지 못하게 된다.

항상 순종적이고 자기주장에 인색한 이들을 이용하는 사람도 있다. 갑자기 밀려드는 일 때문에 퇴근 후 잔업을 해야 할 경우, 당신의 상사는 쉽게 'No'라고 말하지 못하는 당신을 선택할까, 생글거리며 저녁 약속을 이유로 가방을 챙기는 옆자리 동료를 선택할까?

물론 이런 일들 때문에 당신은 직장에서 좋은 사람이 되고 친절한 사람으로 칭송받는다. 그러나 그들이 진심으로 당신의 수고로움에 고마워할까? 다음번에는 자신이 먼저 나서 야근을 자처할까? 하늘에 별 따기라는 해외 연수 자리를 당신에게 양보할까? 당신 역시 "사람들을 위해 뭔가 좋은 일을 했다", "사람들이 나를 친절한 사람이라고 생각해줘서 기분 좋다"라고 느끼기보다 "나는 그냥 착하기만 한 사람이다", "나는 항상 손해만 본다"라고 생각하고 있지 않는가?

시간이 흘러도 당신의 주변 사람들은 계속해서 당신에게 양보와 배려를 기대한다. "그 사람이면 다 이해해 줄 거야"라고 생각하기 때문이다. 결국은 당신을 이용하고 있거나, 그것이 아니라도 당신이 일방적으로 상대에게 봉사하는 관계가 되고 만다. 어느 순간 당신은 상대의 반응이 무서워서 'No'라고 말하지 못하는 사람이 된다.

인간관계에 있어서 일반적인 사람이라면 '가능한 상대와 충돌을 피하고 원만한 관계를 유지하고 싶다'라고 생각하는 것이 당연하다. 겉으로 아무런 불평을 하지 않고 'Yes'라고 말하면 인간관계에서 갈등은 일어나지 않는다고 생각하는 사람도 많지만, 세상은 각양각색의 사람이 있다. 자신을 오로지 이용하려는 사람의 말을 아무 저항 없이 순순히 따른다면, 머지않아 몸과 마음이 배겨날 수 없을 것이다.

나중에 '그때 왜 싫다고 말하지 않았을까?', '왜 확실하게 거절하지 않았을까?'라고 후회해도 소용없다. 싫은 일은 싫다고 말하라. 거절하고 싶을 때는 'No'라고 확실하게 말하라.

# 대등한 관계에서
# 대화해 본 적이 없다

인간관계는 대등한 관계에서 커뮤니케이션할 수 있어야 한다. 하지만 현실은 사장이 종업원보다, 남자가 여자보다, 선생이 학생보다, 승자가 패자보다 중요하다. 이것은 특정한 사람을 자신보다 열등한 사람으로 취급하며, 결코 대등한 인간으로 바라보지 않는다는 것이다.

예를 들어보자. 예전에는 여성이 남편에게 순종했다. 여성은 남성과 대등한 대우를 받지 못했고 남편의 요구를 무조건 받아들이는 입장이었다. 여성이 남편의 요구를 어떻게 느끼는지는 중요한 문제가 아니었다. 남편 말에 무조건 따르고 복종해야 했다.

시간이 흐르면서 여성들은 남편의 일방적인 요구에 조금씩 반기를 들었다. 그렇게 해서 위대한 어머니로서, 아내로서, 직원으로서 당당한 사회 구성원이 되어갔다. 그리고는 자신에게 쏟아지는 요구를 당당하게 거절할 수 있게 되었다.

사회적 지위가 낮은 사람들 역시 자신의 의지대로 거부할 수 있는 능력을 갖지 못했다. 가난하고 교육을 받지 못한 사람들은 사회적으로 지위가 높은 사람들의 요구에 순응하며 부당하고 불공평한 대우를 감내해야만 했다. 지금은 (적어도 예전보다는) 지위가 높은 사람이나 낮은 사람이나 모두 대등하게 관계를 맺을 수 있다. 보복당할 두려움이 없이 거부할 권리도 갖게 되었다. 여전히 많은 문제가 남아있지만 우리의 사회는 모든 사람들을 공정하게 대우하고 자유롭게 자신의 목소리를 낼 수 있도록 발전하고 있다 (인터넷과 모바일은 이러한 흐름에 결정적 역할을 수행하고 있다). 당신이 원한다면 과거의 그 어느 때보다도 확실하고 분명하게 'NO'라고 이야기할 수 있는 세상인 것이다.

하지만 사람들은 변함없이 본능적으로 자신보다 약한 사람을 지배하려고 한다. 상대를 강하게 압박하면 자신이 원하는 것을 쉽게 얻을 수 있다고 생각하고, 조금이라도 우위에 서서 조금이라도 자기 의도대로 조정하려 한다. 자신의 주장, 자신의 생각을 단호하게 표현해야 하는 이유가 바로 여기에 있다. 한마디로 얕보이지 말라는 것이다. 부당하게 위협받으면 단호하게 'NO'라고 거절한다. 왕따나 폭력에 대해서는 더욱 단호하게 거부해야 한다. 더욱

이 이러한 행동은 사회 구성원의 일원으로서 더욱 중요하다. 인생을 살아가면서 감당하기 힘든 상황이 닥쳤을 때 그것을 거부할 토대가 되기 때문이다.

또한 배우자나 친구, 이웃과 동료들이 당신에게 기대하는 바도 있을 것이다. 당신이 그간 보여준 사고와 행동을 바탕으로 당신이 이렇게 저렇게 해주기를 바라는 것들이다. 만약 이것이 당신의 마음에 들지 않는 것이라면, 어제까지는 순순히 받아들였을지도 모르나 오늘부터는 조용하고 겸손하게, 그러나 단호하게 싫다고 말하라. 아니라고 말하라. 진정 원해서 그리 했던 것이 아니라고 말하라. 그것이 당신이 행복해지고 결과적으로 당신 주위의 사람들도 행복해지는 길이다.

이제부터는 당신이 결정한다. 당신은 다른 사람의 기대에 부응하기 위해 세상에 태어난 것이 아니다. 무엇을 받아들이고 무엇을 거절할지는 당신이 결정해야 한다.

# 모두에게 사랑받고 싶다는 **욕구가 있다**

사람들한테 사랑받고 싶고, 좋은 사람으로 보이기를 바라는 욕구는 매우 중요하다. 하지만 이런 생각에 지나치게 매달리면 자기주장을 할 수 없게 된다. 사람들이 무리한 부탁이나 요구를 해도 거절하지 못하고 승낙한다. 좋은 사람이라는 말이 늘 따라다니고 언제 어디서나 무슨 부탁이든 쉽게 들어주는 사람으로 통한다. 아무리 힘든 일이라도 자기가 할 수 있는 한, 아니면 다른 사람에게 부탁해서라도 해결해주려고 한다.

## 이기적인 사람이 돼서는 안 된다는
## 생각에 사로잡혀 있는 사람

자기가 하고 싶은 대로 하면 이기적인 사람이 된다고 생각한다. 이기적인 사람이 돼서는 안 된다고 생각해 상대의 부탁을 거절하지 못한다. 또한 자신이 하고 싶은 말을 해서는 안 된다고 생각하는 배경에는 멋대로 해서는 안 된다거나 주제넘게 나서면 안 된다, 두드러져서는 안 된다 같은 선입관을 갖고 있다.

이런 사람은 회의에서 다른 의견을 내지 못한다. 오늘은 중요한 약속이 있어 빨리 퇴근해야 하는데도 다른 사람이 야근을 부탁하면 그 말을 거절하지 못한다. 실제로 많은 사람들이 이렇게 대응하고 있다. 이런 사람은 '이렇게 해서는 안 된다' 또는 '이렇게 해야 한다'는 생각에 사로잡혀 있다.

- 자신의 바람보다 다른 사람의 요구를 우선해야 한다
- 다른 사람의 요구를 거절해서는 안 된다
- 거절하는 것은 상처 주는 것이다
- 다른 사람들한테 친절해야 한다
- 다른 사람들한테 인정받아야 한다
- 다른 사람들한테 잘하지 않으면 나중에 좋은 결과를 얻을 수 없다

- 좋은 사람, 솔직한 인간이 되어야 한다
- 다른 사람의 기대를 배신해서는 안 된다
- 다른 사람하고 협력하는 것은 무엇보다 중요하다
- 사람들한테 피해를 줘서는 안 된다

이런 생각을 가진 사람은 자신이 정말 바빠도 다른 사람이 부탁하면 순간적으로 "네"라고 대답한다. 자신의 일은 두 번째나 세 번째로 밀어놓기 때문이다.

## 사회적 역할에 사로잡혀 있는 사람

'누가 봐도 그렇게 보이도록 해야 한다' 또는 '사람들한테 인정받지 않으면 안 된다'라고 생각하는 이들이 사회적 역할에 사로잡혀 있는 사람들이다. 예를 들어 승진하고 나서 갑자기 거만해지거나 권위적으로 행동하는 사람을 흔히 볼 수 있다. 이런 사람에 대한 평가는 결코 좋을 수 없다. 가령 회의에서 '부하가 상사한테 반대 의견을 말하는 것은 건방진 행동이다', '반대 의견을 말하면 부장의 권위가 떨어진다' 등의 선입관을 갖고 있는 것이다.

이런 사람은, 자신은 부하가 의지할 수 있는 훌륭한 상사가 되고자 하지만 실제는 부하들과 진솔한 대화를 하지 않고 있다. 평소에도 격식을 갖춘 딱딱한 대화만 하기 때문에 부하들과 거리감을 갖고 있다. 때문에 주변 사람들과 자연스럽게 어울리지 못하고 솔직한 대화를 하지 못한다.

## 좋은 엄마, 좋은 아내, 좋은 여성이 돼야 한다는 생각에 사로잡혀 있는 사람

- 여성은 헌신적이어야 한다
- 여성은 화를 내서는 안 된다
- 주부라면 남편이나 아이들을 잘 보살펴야 하는 책임이 있다
- 엄마라면 몸이 조금 아프더라도 아이들을 돌봐야 한다
- 아내는 남편한테 순종해야 한다

위와 같은 것들이다.

예를 들어 외출하려고 할 때 "엄마! 내 물방울무늬 양말, 어디 있어?" 또는 "내 와이셔츠 다림질 해 놨어?"하는 말을 들으면 외출하던 길을 멈추고 가족들의 부탁을 먼저 들어주는 사람이 여기에 해당한다.

여성은 고집이 세면 안 된다거나 사랑받으려면 강한 모습을 보여서는 안 된다는 말을 어렸을 때부터 듣고 자란 사람이 여기에 해당한다. 이런 사람은 남편이나 자식을 위해서 살아야 한다는 교육을 받고 자랐다. 자신도 잠재적으로 그렇게 하는 것이 좋은 여성의 조건이라고 생각하고 있으므로 이런 생각이 무시당하면 화를 내고 험악한 얼굴을 한다. 자신의 몸 상태가 좋지 않아도 가족들의 부탁을 거절하지 못한다.

이런 사람은 항상 함께 해 주는 어머니나 아내가 없으면 불안감을 느끼고 일부러 여러 가지 일들을 부탁해 외출하지 못하도록 한다. 이런 선입관을 갖고 '그렇게 하는 것이 진정한 여성의 모습'이라고 생각한다.

### 훌륭한 아버지가 돼야 한다는 생각에 사로잡혀 있는 사람

- 훌륭한 아버지가 되어야 한다
- 다른 가족은 아버지 말에 절대 복종해야 한다
- 아버지의 말에 따라서 결정해야 한다

예를 들어 어느 날 아들이 아버지한테 자신의 의견을 말했다. 아버지는 "무슨 건방진 말을 하는 거야! 누구 덕분에 먹고 사는지 알고 있어?"하고 아들과 부딪치게 됐다. 이런 일을 몇 번 겪으면서 점점 험악한 분위기가 되고 아들도 아버지에 대해 반발심을 갖게 되었다. 아버지는 가족을 위해 열심히 일하고 있는 것을 높게 평가하고 이러한 자신의 노력을 이해해 주길 바라고 있다.

이런 이들은 비록 훌륭한 아버지로서 역할을 하려고 하지만 불만이 쌓이고 결국 가족에게 일방적인 이해만을 강요하게 된다.

## 좋은 사람이 돼야 한다는 생각에 사로잡혀 있는 사람

- 누구한테나 사랑받는 사람이 돼야 한다
- 배려심 있고 헌신적인 사람이 돼야 한다
- 자신이 필요한 것을 희생해서라도 상대의 요구를 들어주어야 한다
- 순종하고 눈치가 빨라야 한다
- 대립은 피하고 싸움을 하지 않아야 한다

예를 들어 주변 사람한테 미움받지 않기 위해서 지나치게 상대

를 배려하는 사람이 있다. 모임에서 사람들 뒤치다꺼리 역할을 하고 음식은 부족하지 않은지 뭔가 필요한 건 없는지 항상 다른 사람을 챙기곤 한다.

이런 사람은 자신이 좋은 사람이라는 이미지를 주고자 한다. 이런 이미지를 스스로 선택하고 있는가 어떤가를 생각해 볼 필요가 있다. 항상 상대를 우선시하기 때문에 자신의 속마음을 말할 기회가 없어져서 감정이 둔해져 있을지 모른다. 이런 사람은 때로는 자신을 위해 행동해도 좋다고 스스로에게 되뇔 필요가 있다. '자신이 하고 싶은 일을 하는 것'은 결코 이기적인 것이 아니다.

## 절대 싸움을 해서는 안 된다는 생각에 사로잡혀 있는 사람

- 싸우는 것은 인간관계를 망치는 것이다
- 싸움은 절대 피해야 한다
- 말싸움이나 논쟁은 조정해서 수습해야 한다

회의에서 의견이 갈리면 대립하는 사람 사이에 들어가 제멋대로 중재하려고 하는 사람이 있다. 마치 아버지가 아이를 야단치면 그 사이에 들어온 엄마 같은 태도를 취한다. 이런 태도는 종종 어느 쪽인가 편을 들어 마치 자신이 해결하려고 하기 때문에 문제가 된다. 말싸움이나 논쟁이 일어나면 어떻게 해서든 그 장면을 피하고 모르는 척하는 사람도 있다.

부부싸움을 하지 않는다고 자랑삼아 말하는 커플은 혹 의견 차이가 있더라도 관계를 나쁘게 하지 않으려고 겉으로만 드러나지 않게 하고 있는지도 모른다. 아니면 의견 차이가 있는 대화를 아예 하지 않거나 서로의 분노를 모른 척할 수도 있다. 어느 한쪽이 권력을 가지고 마음대로 할 가능성도 있고, 서로 다른 의견이나 불만이 나오면 현실에 눈을 감고 태풍이 지나가는 것을 기다리는 사람들도 있다.

인간관계에서 가장 어려운 것은 상대의 얘기를 받아들이지 않고 자신의 감정도 표현하지 않는, 일종의 고착상태에 빠진 경우이다. 때로는 언쟁을 하더라도 서로의 마음속을 보여줄 필요가 있다. 단지 말싸움을 피하기만 해서는 서로의 속마음을 알 수 없는 경우가 많기 때문이다.

ASSERTIVE COMMUNICATION SKILL

# 자신한테 주어진 **권리를 잊고 있다**

하고 싶은 말을 당당하게 하는 것, 이른바 '자기주장'을 하는 목적은 순종적이고 수동적인 자세에서 벗어나 자신감 있고 적극적으로 행동하기 위해서다. 현실은 사람들한테 순종적이고 수동적인 자세를 요구하는 경우가 많다. 그래서 'No'라고 말할 수 있는 능력은 정말 중요하다. 당신을 인격체로 존중하지 않은 사람들, 당신을 희생물로 여기는 사람들이 당신의 시간과 에너지, 능력, 돈, 인내력, 자존심을 탐욕스럽게 삼킬 수 없도록 지켜주는 것이 바로 'No'라고 말할 수 있는 권리다.

스스로 인생의 주인으로 살기 위해 자신에게 다음과 같은 권리가 있다는 것을 항상 기억하도록 하자.

- 어떻게 생각하고 행동하는가는 자신이 결정한다. 그리고 이런 생각이나 판단이 어떤 결과가 되는지 생각하고 나서 결과에 대해 책임 지는 행동을 한다. 누구나 스스로 판단하고 행동한다. 동시에 상대의 생각과 판단을 받아들일 수도 있고 그렇지 않을 수도 있다. 이것은 자신이 결정한다. 실제로는 자신의 생각보다 상대의 생각을 우선시하는 경우가 많다. 인내나 타협을 강요당했다고 해도 따르지 않으면 된다. 자신의 의견과 행동을 주장할 수 있다는 의미다.

- 자신의 행동을 어떤 이유나 핑계를 들어서 설명하지 않고 실행해도 좋다. 자신이 올바르다고 느낀다면 굳이 설명하지 않아도 된다. 상대가 이해하도록 설명하고 설득해야 한다고 생각하기 쉽지만 일일이 다른 사람한테 설명할 필요는 없다.

- 상대가 곤란할 때 도와주는 것은 나 스스로 판단한다. 곤란한 사람을 봤을 때 도와줄 수 있는 형편이 되면 도와주면 된다. 이것도 자신이 결정한다. 적절하게 도움을 줄 수 있다는 것은 좋은 일이다. 그러나 자신이 상대를 도와주지 못하는 상황도 있다. 도와주지 못한다고 해서 죄책감을 가져서는 안 된다.

- 나는 생각을 바꿀 수도 있다. 반드시 해내겠다고 생각한 것도 중도에 방향전환을 해야 할 때가 있다. 또한 생각이 변해서 행동을 바꿔야 할 때도 있다. 처음부터 끝까지 같은 생각을 갖지 않아도 괜찮다. 시간이 흐름에 따라 주위 환경도 변화가 있듯이 세상은 끊임없이 변화하고 있다. 사람의 생각과

마음도 마찬가지다. 생각이 변하는 것을 비난하지 않아야 한다. 결국, 자신이 책임지기 때문이다.

- 나는 완벽한 인간이 아니다. 잘못하거나 실수할 수도 있다. 완벽한 사람은 없다. 잘못하지 않는 사람은 없다. 잘못은 하지 않는 것이 좋지만, 혹시 잘못했을 때는 바로잡고 책임을 지면 된다.

- 모르는 것이 있으면 모른다고 말할 권리가 있다. 모르는 것이 있을 때 "모른다"라고 말하고 설명해달라고 할 수 있다. 모르는 것은 부끄러운 것이 아니다. 질문을 할 때 "기초적인 것인지 몰라도…", "내가 문외한이라서…"라고 일일이 말하지 않고 질문해도 된다. 모르는 것을 모른다고 말하지 않고 있으면 '설명을 못한다', '얘기를 할 줄 모른다'라며 상대를 탓하기 쉽다.

- 나는 인간관계를 맺을 때, 그 사람이 보여준 호의와 관계없이 관계를 맺을지 어떨지 여부를 결정할 수 있다. 상대가 자신에게 친절한 것과 관계를 맺는 것은 나누어 생각하는 것이 좋다. 다른 사람과의 관계는 중요하다. 그렇다고 상대가 친절하게 해주기 때문에 영원히 관계를 가져야 하는 것은 아니다.

- 내가 결단을 내릴 때에는 때때로 논리적인 이유가 없어도 괜찮다. 결단은 반드시 논리적일 필요가 없고, 직감이나 순간적인 영감도 중요한 메시지의 하나다. 다른 사람한테 피해를 주지 않는 한, 자신이 결단하거나 판단할 때 다른 사람의 의견은 필요하지 않다.

- 다른 사람과 다른 의견일 때 "그렇게 생각하지 않아요"라고 말해도 좋다. 자신의 의견이 달라서 동의하지 않는다면 "나는 그렇게 생각하지 않아요"라고

말할 수 있다. 이러한 선택지가 있음을 아는 것이 중요하다. 선택의 여부는 스스로의 임기응변으로 판단한다. 소수의견은 말하기 어려운 것이 사실이다. 그러나 의견이 다르다고 말하지 않으면 같은 의견으로 취급받는다 해도 어쩔 수 없다. 말하지 않는 것은 없는 것과 마찬가지이다.

- "나는 신경 쓰지 않아"라고 말해도 된다. 모두가 신경 쓰고 있어도 자신이 신경 쓰지 않으면 "나는 신경 쓰지 않는다"라고 말할 수 있다. 무엇을 신경 쓰고 신경 쓰지 않고는 사람에 따라서 다르다. 다른 사람과 마찬가지로 신경 써야 한다고 생각하지 않아도 된다.

- 나는 죄의식을 느끼지 않고 거절하거나 반대할 수 있다. 굳이 죄의식을 갖지 않고 요구를 거절하거나 의견에 반대해도 된다. 죄의식을 느끼는 것은 상대에게 지나치게 감정이입하고 있는 것이다. 방문판매는 쉽게 거절해도 친구의 부탁은 거절하지 못하는 사람이 있다. 자신이 받아들이고 싶지 않으면 거절해도 된다.

- 자기주장을 하는 것은 기분 좋은 것이다. 또한 상황에 따라 자기주장을 하지 않아도 된다. 어려운 상황을 피하는 것도 당신의 선택에 달려 있다.

지금까지 나열한 태도는 자신의 삶에 만족감을 줄 뿐만 아니라 인간관계에서도 그 질을 향상시킬 수 있다. 이런 생각을 함으로써 스스로를 존중하고 불필요한 걱정과 우울한 기분을 극복할 수 있다. 인생의 목표를 좀 더 크게 생각하면서 자신에게 주어진 권리에 대한 이해를 높이고 보다 효과적으로 대화할 수 있는 능력을 키울 수 있다. 이러한 과정을 통해 자기주장을 함으로써 긍정적인 결과를 얻을 수 있다.

# 2
CHAPTER

## 자신의 생각을 확실하게
## 표현하는 기술

입에서 나오는 모든 것이 말이 되는 것은 아니다. 상대에게 효과적으로 전해져야만 비로소 커뮤니케이션을 위한 말이 될 수 있다.

Assertive
Communication
Skill

# 자신의 요구를
# 당당하게 말하는 비결

당신은 새로 입사한 후배가 신경 쓰인다. 후배는 혼자서만 일을 떠안은 채 선배인 당신에게 어려움을 토로하지 않는다. 업무는 제대로 진행되고 있는지 걱정이 되어 "어때? 괜찮아?"라고 물어도 "네, 괜찮습니다"라는 말밖에 하지 않는다. 당신은 더욱 많은 얘기를 나누고 싶고 모르는 것은 물었으면 하고 생각하지만 후배의 업무 진행상황을 자세하게 알지 못한다. 당신은 후배에게 이 상황을 어떻게 말하면 좋을까?

**당신** 일은 어때? 괜찮아?
**후배** 네, 괜찮습니다.
**당신** 일을 하면서 어려운 점은 없어?

후배　네…. 특별히 없어요.

당신　모르는 게 있으면 언제든지 물어봐.

후배　네….

당신의 메시지는 후배한테 전달됐는가? 이런 대화는 두 사람이 평행선으로 끝나는 대화다. 당신이 말한 "모르는 게 있으면 언제든지 물어봐"라는 말을 후배는 그렇게 큰 문제라고 생각하지 않고 있거나, 혹은 '사람들한테 피해를 줘서는 안 되니까 더욱 열심히 해야지'라고 생각할지 모른다. 당신은 후배를 배려하기 위해 말을 꺼냈는데도 후배는 이를 제대로 알아듣지 못해 답답하기 짝이 없다.

상대에게 요구나 부탁을 할 때는 세 가지 포인트가 있다.

### ① 문제점을 확실하게 전달한다

당신은 후배에게 무엇이 문제인지 좀 더 확실하게 설명할 필요가 있다. 후배는 아직 업무에 익숙하지 않으므로 다른 사람에게도 피해를 주지 않기 위해 혼자서 열심히 노력하고 있는지 모른다. 때문에 당신이 후배의 업무 상황을 정확히 모르고 있으면 팀에게 곤란한 상황이 올 수 있다는 점을 설명해야 한다.

"업무 진행상황에 대해서 선배한테 말을 하지 않으면 전체 업무의 진행 정도를 파악할 수 없어서 내가 곤란해"라고 말한다. 이것은 후배가 말하지 않은 것을 탓하지 않고 문제에 초점을 맞추는 말이다.

### ② 상대의 말에 귀를 기울인다

후배에게는 후배 나름대로의 생각이나 이유가 있을 것이다. 후배를 위해 해결방법을 생각한다면 후배의 사정을 상세히 들어봐야 할 필요가 있다.

"네 업무 상황을 얘기해 줄 수 있어?"

"일주일에 한 번은 네 진척 상황을 보고해줬으면 하는데 가능하니?"라고 말한다.

이때 신배한테 당연히 보고해야 한다는 밀투가 되지 않도록 주의한다. 상대의 기분을 묻고자 한다면 진짜 상대를 이해하고 싶다고 생각하면서 귀를 기울인다.

상대의 입장을 이해한다는 말을 덧붙여 주면 더욱 좋다. "너 나름대로 열심히 하고 있다는 것을 알고 있어" 혹은 "다른 사람한테 피해주지 않으려고 노력하고 있다는 것을 알고 있어"하고 말한다.

상대가 말하고 싶은 것이나 느낌을 진지하게 받아들이는 자세를 보여주어야 하고, 상대를 이해하고 싶다는 마음이 있어야 가능하다.

③ 요구나 제안을 구체적으로 말한다

상대의 말을 이해한다면 다음은 해결법이나 제안을 말한다. 상대에게 무엇을 하길 원하는가, 자신의 기대는 무엇인가를 구체적으로 알기 쉽게 전달한다, 이때 당신의 요구는 무엇인가? 후배에게 원하는 것은 지금 할 수 있고 없고의 대답이 아니라, 업무의 진행상황에 대해 보고해 달라는 것이다. 이것이 후배에게 말한 핵심이다.

"업무의 진행상황에 대해 정기적으로 보고해 줬으면 한다"라고 전달한다.

이렇게 전달하고자 하는 내용을 명확히 하고 상대의 얘기를 듣고 나서 자신의 요구를 구체적으로 말하면 어떤 대화가 되는지 보자.

| | |
|---|---|
| 당신 | 잠깐 얘기해도 될까? |
| 후배 | 네…. 무슨 일인데요? |
| 당신 | 실은 조금 곤란한 일이 있는데…. 네가 열심히 하는 것도 좋지만 업무 보고가 없으니까 내가 업무 진행상황을 파악할 수 없어서 그래. 이러면 내가 곤란하거든. |
| 후배 | 아, 그러세요. 죄송합니다. |
| 당신 | 더구나 일을 혼자 하고 있지 않을까 하고 걱정했거든. 상황이 어떤지 알려줬으면 좋겠어. |

후배    네…. 사실 좀 힘들어 하고 있어요.

당신    그렇지? 좀 힘들지. 나도 어떻게 해 보려고 하거든. 구체적으로 어떤 점이 힘든 거니?

후배    언제 보고해야 할지…. 잘 모르겠어요.

당신    그래? 그럼 일주일에 한 번은 업무에 대해 보고해 줄래?

후배    일주일에 한 번 보고 드리면 되나요?

당신    그래. 예를 들어 매주 금요일 오후에 업무 상황이나 그 다음 일을 어떻게 할 것인지 같이 얘기하자.

후배    그럼 저는 고맙죠.

당신    그럼 이번주부터 같이 해 볼까?

후배    네, 알겠습니다.

후배가 처한 상황에 귀를 기울이고 솔직하게 말함으로써 상대가 긍정적으로 생각하고 대화를 지속해 좀 더 나은 관계로 발전하게 되었다.

# 대화하기 전에 머릿속을 정리한다

상대와 마주하면서 문제를 명확하게 제시할 수 있으면 상대를 탓하는 말투가 되지 않고 문제해결을 할 수 있다. 대부분 "당신의 ○○○가 문제다"라는 식으로 말하기 쉽지만, 그렇게 말하면 상대는 공격당했다고 생각해 반발하고 방어적이 된다. 그러면 문제해결을 위한 대화는 불가능하다. 상대와 대화할 때는 가급적 문제를 해결하고자 하는 자세로 임해야 한다. 또한 자신의 기분도 솔직하게 전달함으로써 자기주장을 할 수 있어야 한다.

앞에서 예로 든 선배와 후배의 대화를 다시 한 번 살펴보자. 보통은 이런 대화를 할 때 "똑바로 보고해!"하고 말한다. 이 말은 '네가 무조건 잘못한 것이다'란 의미가 되고 상대는 자연스럽게 방어적이 된다. 당신이 후배의 업무 진행상황을 파악하지 못하고 있으면 곤란하게 되고, 후배가 어떤 상황에 놓인 것인지 걱정하고 있다고 솔직하게 표현하면 상대가 쉽게 이해할 수 있게 된다. 이 때 중요한 것은 상황에 대해 자신이 어떻게 느끼는 것인가를 '나를 주어'로 말하는 것이다. 가령 "나는 걱정하고 있다", "내가 곤란하다"라는 식으로 '아이'(I) 메시지를 써서 말한다. 또한 대화하는 목적을 명확히 하고 문제해결을 위한 구체적인 제안을 하며, 객관적인 상황이나 자신의 기분까지 솔직하게 표현한다. 그러면 문제를 해결하기 위한 상대의 협력을 얻을 수 있게 된다.

① 사실에 대해 말하고, 문제점을 지적한다.
② 문제에 대한 자신의 기분을 말한다.
③ 문제해결을 위해 구체적인 제안을 한다.

가령 상사한테 업무에 대한 얘기를 한다고 하자.

"업무를 인계받았지만, 순서를 정확히 모르니까(사실) 생각보다 시간이 많이 걸려 힘들어하고(기분) 있습니다. 그래서 방법에 대해 얘기하고 싶은데 시간이 어떠신가요?(요구)"하고 말한다.

다른 사례를 보기로 하자.

조미숙 씨는 직장에 다니고 있고 6살 아이는 가끔씩 친정어머니가 돌봐주고 있다. 최근에 어머니가 아이의 건강과 공부에 대해서 이래라 저래라 하고 참견하는 일이 많아졌다. 미숙 씨는 어머니가 아이를 돌봐주는 것은 고맙게 생각하지만 어머니의 잔소리는 견디기 힘들었다. 결국 미숙 씨는 어머니에게 자신의 솔직한 마음을 표현하기로 했다.

처음 조미숙 씨가 어머니한테 말하고 싶었던 말은 이런 내용이었다.

> ① 【 문제 】 엄마가 아이 문제로 이래라 저래라 참견하는데 나는 참견 받는 것은 싫어.
> ② 【 감정 】 마치 평가받고 있다는 기분이 들어 정말 싫어.
> ③ 【 제안 】 그러니까 내 양육방식대로 하게 내버려둬.

이렇게 머릿속에서 정리하고 어머니와 대화를 하게 되었다.

**조미숙** 엄마, 할 얘기가 있는데.
**어머니** 뭔데?
**조미숙** 요즘 아이 때문에 엄마도 말이 좀 많아지지 않았어?
**어머니** 내가 요새 그랬나?
**조미숙** 엄마가 휴일에도 아이 때문에 일일이 이래라 저래라 하면 평가받는 거 같아서 기분이 나빠.

**어머니** 난 네가 걱정돼서 그렇지.

**조미숙** 게다가 내 일을 열심히 하는 것이 쓸데없는 일이라고 말하는 것이 너무 싫어. 난 나름대로 직장일도 양육도 모두 열심히 하려고 하는데 엄마는 내가 하는 일을 인정하지 않으니까…. 그러니까 더 이상 참견하지 말아줘.

**어머니** ….

**조미숙** 물론 엄마가 도와줘서 도움이 되기는 하지만 그렇게 말하는 것은 내가 너무 싫어.

**어머니** …알았어.

어머니는 알았어라고 대답은 했지만 상처를 받았다. '딸이 평가하고 있다', '자신을 인정하지 않고 있다'라고 생각하고 겉으로 보기에는 '아이'(I) 메시지로 보이지만 실은 '유'(You) 메시지로 말하고 있다. 말의 속뜻은 '어머니의 말로 인해 피해를 입고 있다'가 된다. '당신이 인정하지 않으니까 내가 상처를 받는다'가 되는 것이다. 자신이 화가 나고 상처를 받고 있다고 상대 탓을 하고 있는 것이다.

이래서는 곤란하다. 먼저 상대와 대화하기 전에 자신의 기분을 정리한다. 우리는 자신이 고통스러우면 일단 상대의 탓으로 돌리고 이런저런 이유를 붙이는 경향이 있다. 상대 탓이라고 하기 전에 자신의 감정을 돌아본다. 지금 조미숙 씨는 이런 감정이다. 어머니가 아이를 돌봐줘서 정말 고맙고 도움이 된다. 하지만 항상 부탁해서 미안한 마음도 있다. 어머니가 여러 가지 잔소리를 하면 내가 못해서 그런가 하는 생각이 들고 아픈 아이 옆에서 간호하지 못해 마음이 아프고 괴롭다. 이렇게 감정을 정리하고 난 다음에 다시 어머니한테 자신의 감정을 전달하기로 했다.

**조미숙** 엄마, 아까는 너무 말을 심하게 해서 미안해. 엄마한테 말하고 나서 나 자신을 가만히 생각해 봤어. 엄마가 애 아팠을 때, 나한테 아이 옆에서 있어줘야 한다고 말했는데 난 그 말이 정말 가슴 아팠어. 나 때문에 애가 병이 난 거라는 기분이 들었거든. 내가 죄책감이 드니까 엄마한테 심하게 말 한거야. 엄마한테 사실 고마워하고 있어. 난 나름대로 열심히 한다고 하는데 엄마한테 그런 말을 들으면 정말 힘들어.

**어머니** 그렇구나. 난 그런 의미가 아니었는데.

**조미숙** 아이가 걱정이 돼서 한 말이라고 알고 있어. 아이가 아플 때는 나도 신경이 더 예민해지니까 엄마도 알아줬으면 좋겠어.

**어머니** 그건 그렇다.

**조미숙** 아이 문제로 엄마하고 싸움하고 싶지 않았어. 그래서 엄마가 하는 잔소리에 일일이 반응하고 싶지 않았던 것도 있었어. 엄마 짜증내서 미안해. 앞으로도 지금처럼 도와줘.

**어머니** 그럼, 당연하지.

조미숙 씨는 어머니한테 자신의 감정을 솔직하게 말함으로써 앞으로에 대한 바람까지 전달할 수 있었다.

## 분위기를 만든다

상대와 대화를 할 때, 불쑥 생각나는 대로 말하고 있지 않은가? 가족이나 친구, 연인처럼 가까운 사이일수록 대화로 상처를 주는 경우가 많다. 무심결에 상처 주는 말을 하고 나서 당혹해 하고, 뒤돌아서면 늘 후회하고 자책한 경험도 있을 것이다. 이런 대화가 되지 않기 위해서는 마음의 준비를 하고 상대가 집중해서 들어줄 수 있는 시기나 타이밍을 선택해서 얘기하도록 한다.

배우자에게 하고 싶은 얘기가 있을 때 "당신한테 얘기하고 싶은 게 있는데 밖으로 좀 나갈래요?"하고 미리 마음의 준비를 시킨다. 아이들한테 대화하고 싶을 것이 있을 때에도 그 즉시 말하는 것보다 "얘기를 좀 하고 싶은 게 있는데 언제 할까?"라고 미리 시간을 정한 후 대화하면 상대가 집중해서 귀를 기울이게 된다. 가족이 식사하다가 하고 싶은 말이 생각나도 그 즉시 하는 것보다 "밥 먹고 나서 잠깐 얘기할 게 있는데…"하고 본격적인 대화에 들어가기 전에 마음의 준비를 시킨 후 대화하는 것이 효과적이다.

남편 정재와 아내 미순은 최근 들어 부부싸움을 자주 했다. 그러던 어느 날 남편은 술을 마시고 밤 12시쯤 들어와서 아내에게 대화를 요청했다. 아내는 다음날 아침 6시부터 일정이 있기 때문에 대화할 수 없으니 다음에 하자고 말했다. 이런 일이 있고 난 후에는 서로가 대화를 피하고 있다고 생각했고, 두 사람의 사이는 점점 멀어져 갔다.

아무리 부부관계라고 해도 대화할 때는 두 사람이 모두 집중할 수 있는 시간을 선택하는 것이 좋다. 중요한 건 상대가 들어줘야 하는 것이나. 불쑥 내뱉거나 갑자기 얘기하고서 상대가 대화에 집중하지 않는다고 하면 상대를 비난하는 것이나 마찬가지다.

대화할 시간을 정했다면 이번에는 장소를 정한다. 서로가 편안하고 안전하다고 느끼는 장소를 선택한다. 특히 직장에서 상사와 부하직원이 대화를 나눌 때, 회의실이 지나치게 권위적이거나 사무적인 분위기라면 부하직원은 주눅이 들어서 자신이 하고 싶은 말을 제대로 하지 못할 수도 있음을 고려해야 한다. 또한 다른 사람들로 인해 주의력이 산만해지지 않는 장소가 좋고, 차량소음이나 교통체증이 보이는 장소는 대화 장소로 적당하지 않다. 대화를 할 때는 탁자를 사이에 두고 앉기보다 원형 테이블에 둘러앉거나 의자만 놓고 앉는 것이 좋다. 상대와 엄격하게 분리된다는 무의식을 제거하고 자연스럽게 대화에 몰두할 수 있기 때문이다. 양쪽 모두에게 자연스럽고 편안한 장소를 선택해서 대화한다는 것을 기억하자.

# 첫마디가 중요하다

처음 시작하는 말이 중요하다. 첫마디는 상대가 긍정적으로 들어줄 수 있도록 얘기를 하는 것이 좋다. 가령 "중요한 얘기니까 잘 들어 주세요"라고 진지한 얼굴로 말하면, 상대도 "무슨 얘기를 하려는 걸까?"하고 집중해서 들으려는 태도를 취하게 된다.

반대로 회의석상에서 "별로 영양가 없는 말일지 모르겠는데…" 하고 말을 시작하는 사람이 있다. 본인은 겸손하고자 이런 표현을 했는지 모르지만 무의식적으로 자신의 의견에 가치를 두지 않고 있다는 의미이다. 이런 말을 듣는 순간 상대는 '그래? 영양가 없는 말이야?'라는 편견을 갖고 듣게 된다. 결국 상대의 듣는 태도가 흐트러지고 전달하고자 하는 내용이 충분히 전해지지 않게 되므로 주의한다.

여러 사람이 있는 장소에서 말할 때, 혹은 상대가 자신보다 높은 지위에 있거나 경험이 많은 사람에게 발언해야 할 경우에 자신감이 없어지는 경향이 있다. 자신감이 없어지고 소심해지면 자신의 의견은 중요하지 않다거나, 어차피 주의 깊게 들을 것도 아닌데…라고 생각해 말을 얼버무리고 끝내는 사람이 있다. 이런 행동은 자신도 모르는 사이에 태도로 나타나기 때문에 주의해야 한다.

특히 상대와 갈등 상황에 있을 때 첫마디를 잘못 꺼내면 대화를 진행하기 힘들어지는 경우가 있다. 상대와 문제해결을 위해 대화한다면 "저는 이 문제를 누가 잘했고 누가 잘못했다고 보지 않습니다. 이 문제를 현명하게 합의해서 우리가 보다 좋은 관계가 되기를 바라고 있습니다"라는 식으로 첫마디를 꺼낸다. 마지막까지 서로가 함께 노력하고 마음을 열고 대화하자는 메시지를 확실하게 전달한다.

또한 의견 차이가 있는 상대와 대화할 경우 첫마디는 "이 의견 차이는 서로를 더욱 잘 알 수 있는 계기가 될 것입니다. 서로가 배운다는 자세로 얘기를 해 봅시다"라고 긍정적인 말을 꺼낸다. 상대에 대해 잘 모르는 경우에는 "저는 이 문제를 해결하고 우리 관계를 좀 더 발전시키기 위해 대화해야 한다고 생각합니다. 당신이 이 문제에 대해 어떻게 생각하고 있고, 어떻게 하면 좋은지 당신의 의견을 듣고 싶습니다"와 같이 첫마디를 꺼낸다.

이처럼 상황에 알맞은 첫마디로 인해 경직된 마음을 풀고 상대의 존재를 인정하며 서로가 부드러운 분위기에서 대화를 시작할 수 있다.

물론 언제나 완벽한 첫마디란 없다. 하지만 대화를 성공적으로 하기 위해서 또는 자신의 말을 상대에게 명확하게 전달하기 위해서는 다음과 같은 사항을 기억하도록 한다.

첫째, 눈앞에 있는 상대와 그 상황에 맞는 말을 꺼낸다.

둘째, 자신한테 친숙한 언어로 자연스럽게 표현한다. 암기하거나 쪽지를 읽는 것 같이 말하지 않는다.

셋째, 처음에 너무 길게 말하지 않도록 한다. 이렇게 말을 시작하면 대화라기보다 연설이 될 수 있고 상대는 들으려 하지 않으니 주의한다.

다음은 첫마디를 부정적인 것으로 시작하면 상대가 어떻게 생각하게 되는지 보여주는 예로, 가능한 주의해야 할 대화법이다.

**당신**   당신한테 이런 얘기를 하고 싶지 않지만….

**상대**   그럼 말하지 말지 왜 꺼내는 거야?

**당신**   지금 당신 상황이 안 좋다는 것은 알고 있지만…

**상대**   그래, 나 지금 아주 안 좋아. 그러니까 더 나쁘게 만들지 마.

**당신**     내가 너무 감정적이라고 생각할지도 모르겠지만….

**상대**     그래? 감정적으로 나오겠다고 미리 선언하는 건가?

**당신**     당신과 관련해서 문제가 좀 있어서….

**상대**     뭔데? 어디 말해봐.

**당신**     기분을 상하고 싶지 않지만….

**상대**     나도 당신이 내 기분을 상하게 하는 거 싫어.

**당신**     내 생각이 잘못된 건지도 모르지만….

**상대**     그래, 당신 생각은 잘못됐어.

**당신**     이게 확실한 건지는 잘 모르겠지만….

**상대**     나도 확실한 건지 몰라.

**당신**     멍청한 생각인지도 모르겠지만….

**상대**     아마 멍청한 생각일 거야.

ASSERTIVE COMMUNICATION SKILL

# 자기주장을 위한 **마음자세**

    때로는 상대가 말하는 내용보다 자신과 어떤 마음으로 얘기하고 있는지가 마음을 움직일 때도 있다. 아무리 정중한 표현을 하고 있다고 하더라도 마음속으로 적대감을 갖거나 무시한다면 이런 마음은 상대에게 전달된다. 또한 상대를 자신의 생각대로 컨트롤하려고 하는 '속셈'을 품고 있다면 상대는 이것을 느끼고 방어벽을 치게 된다.

    효과적인 자기주장을 위한 마음자세로는 다음의 네 가지가 있다.

> ① 자신은 물론 상대에게도 성실한 자세
> ② 상대에게 감정이나 요구를 전달할 때 구체적으로 말하는 솔직한 자세
> ③ 상대를 내려보거나 자신을 비하하지 않고 대등한 관계로 말하는 자세
> ④ 자신의 행동에 책임지는 자세

상대는 침묵하는데 자신의 주장만 전하고 있고, 반대로 상대방만 이야기하고 자신은 침묵하고 있으면 일방적인 커뮤니케이션에서 벗어나기 어렵다. 당연히 인간관계는 경직되고 만다.

자신과 상대가 모두 마음을 열고 말하는 관계가 되기 위한 네 가지 마음자세에 대해 자세히 알아보도록 하자.

**① 자신에 대해서도, 상대에 대해서도 성실한 자세로 말한다**

대부분 '성실하다'는 것은 상대방에 대한 것으로 생각하기 쉽다. 하지만 자기주장을 위한 대화에서는 자신에 대한 성실함부터 시작해야 한다.

예를 들어 친구의 권유로 모임에 가기로 했지만 왠지 가고 싶지 않다는 생각이 떠나지 않을 때가 있다. 그래도 내키지 않은 마음을 덮어 두고 약속한 날 모임에 나갔다. 이럴 경우 간혹 친구한테

싫은 내색을 하고 네 말대로 참가해 줬으니 고맙게 생각하라는 태도를 갖게 된다. 혹은 기어이 "실은 가고 싶지 않았는데 네가 가자고 해서 어쩔 수 없이 갔어"라고 말해 친구와의 관계에 금이 가기도 한다.

아무리 친구에게 성실하게 대한다고 하더라고 자신의 감정에 성실하지 않으면 말과 행동이 일치하지 못하게 된다. 먼저 가고 싶지 않다는 자신의 마음을 성실하게 받아들이고 난 다음 상대에게 이를 솔직하게 말하는 것이 좋다.

**② 상대에게 감정이나 요구를 전달할 때에는 구체적으로 말한다**

자신이 말하고 싶은 것을 말하는 것이 아니라 상대가 들어줄 수 있도록 말하는 것이다. 자신의 말이 상대에게 전달되려면 구체적으로 말하는 것이 좋다.

직장에서 옆자리 후배의 책상이 봐줄 수 없을 만큼 난잡하게 널려 있다. 파일은 산더미처럼 쌓여있어 금세라도 무너질 듯하고 고객 명부와 결재 서류, 보고서들이 여기저기 흐트러져 있다. 후배는 퇴근 시간 전에 정리한다고 하지만 그저 책상 구석으로 몰아두는 것뿐이었다.

이런 상황에서 당신은 후배한테 어떻게 말하면 좋을까? 대개 "책상 정리하고 퇴근했으면 좋겠는데…"라고 말해보지만 이렇게 말하면 상대한테 제대로 전달되지 않는다. 후배는 "네, 알겠습니다"라고 대답한 다음 서류나 파일을 책상 구석으로 몰아놓고 제대로 정리했다고 생각한다. "그렇게 하지 말고 제대로 원래대로 정리해야지"라고 말해도 후배는 알아듣지 못한다. 이런 표현은 상대에게 전달되지 않는다. 상대가 행동에 옮길 수 있도록 구체적으로 말하지 않으면 기대한 결과가 나오지 않는다.

"고객 명부는 각별하게 취급해야 해. 업무 시간에 쓰고 난 다음에는 반드시 열쇠로 잠그는 책장에 넣어두는 게 좋아" 또는 "보고서는 다른 부서에서도 써야 하니까 일자별로 정리해둬야 해"라는 식으로 상세하게 이야기하는 것이다. 너무 세세하게 말하면 상대가 혹 기분 나쁘지 않을까 생각해 애매하고 추상적인 표현을 하지만 이것은 자신이 좋은 사람이 되고자 하는 심리이다.

**③ 상대를 내려보거나 자신을 비하하지 않는 대등한 관계로 말한다**

대등한 자세는 세 가지 의미가 있다. 하나는 상대와 같은 눈높이로 태도나 자세를 취하는 것이다. 두 번째는 마음속에서 상대를 내려보거나 필요 이상으로 자신을 비하하지 않는 것이다. 세 번째는 서로가 만족한 결과를 만드는 것이다.

서로가 대등한 관계가 아니라 자신은 올바르고 상대는 틀렸다고 생각하면 자신의 의견을 강요하거나 상대의 말을 듣지 않고 고압적인 자세를 취하게 된다. 수동적인 자세로 "나는 아무래도… 어려워"라고 처음부터 자신을 비하하거나 눈을 제대로 맞추지 못하고 기어들어가는듯한 목소리로 말한다. 이런 태도를 취하지 않고 상대가 누구든지 차분하고 당당하게 말하는 것이 올바른 태도다. 그렇다고 사회적인 지위나 입장을 무시하고 예의 없고 버릇없이 말하라는 것은 아니다.

대등하다고 해도 상대가 어떤 입장인가(자신보다 위에 있는가, 아래에 있는가)에 대해서는 주의할 필요가 있다. 서로의 차이를 인정하면서도 상대를 자신과 동등한 인격체로, 같은 눈높이로 대하는 것이다. 또한 태도나 행동뿐 아니라 마음속으로 상대를 대하는 기준 즉 '마음의 기준' 역시 대등하게 대해야 한다.

대등한 관계를 만들기 위해서는 마음속의 편견이나 선입관을 스스로 의식하고 이를 경계하며 상대와 대화하는 것이 중요하다.

### ④ 자신의 행동에 따라 책임을 지는 자세

일반적인 커뮤니케이션에 있어 그 책임은 서로가 절반씩의 책임을 갖는다. 자신이 100% 잘못했다거나 상대가 100% 나쁘다는 것은 있을 수 없다. 가령 상대가 100% 잘못했다 하더라도 자신 역시 상대와 대화하려고 진실로 노력했는지 생각하면 일정부분 책임이 있다는 것이다. 예를 들어 상대가 어떤 사실을 정확하게 말하지 못했다 하더라도 자신 역시 커뮤니케이션의 책임이 있다라고 생각하는 것이 진정한 책임감이란 뜻이다.

자기주장의 대화에 있어서 자기 책임은 "자신이 한 말에 대해 책임을 지고, 말하지 않은 것을 상대의 탓으로 돌리지 않는다"라고 할 수 있다. 자신과 상대는 다르다는 것을 인정하고 무엇이 문제인지, 왜 제대로 전달되지 않았는지 생각해 보는 것이다.

보통 커뮤니케이션이 잘 이루어지지 않았을 때에는 "저 사람이 잘못했으니까"하고 상대를 탓하거나 까닭 없이 자신의 탓으로 돌리는 등 '범인 찾기'를 하는 경우가 대부분이다. 이렇게 범인 찾기에 집중하면 진짜 문제가 보이지 않게 된다. 핵심적인 원인을 덮고 가는 것이다.

ASSERTIVE COMMUNICATION SKILL 06

# 제대로 칭찬하고 **칭찬받는 기술**

　우리 주위에는 칭찬에 인색한 사람들이 적지 않다. 이런 사람들은 다른 이를 칭찬하는 것에 인색할 뿐 아니라 본인이 칭찬받는 것도 어색해 한다. "뭐야, 그게 뭐 특별히 잘한 일이라고…"라거나 "그게 무슨 칭찬까지 받을 일인가"라며 고개를 갸웃거린다. 칭찬을 하는 것도 받는 것도 불편한 사람들, 딱하기 짝이 없다.

　사람은 누구나 사소한 일이라도 칭찬받으면 기분이 좋아지고 심리적으로 안정되고 자신감을 갖게 된다. 예를 들어 업무가 밀려 늦게까지 일을 해야 하는 상황에서 상사가 "열심히 해주게"라거나 "수고하게"라고 한마디 해주면 기분이 좋아지고 힘이 나서 업무효율이 더 높아지는 경우가 있다. 특별히 잘하지 않았더라도 일상적인 행동을 칭찬하라는 말이다.

## 사소한 일에 칭찬한다

대부분의 사람들은 평상시에 인정받고자 하는 욕구가 크기 때문에 평소의 모습을 칭찬받으면 기분이 더욱 좋아지고 자신감도 생긴다. 떨어뜨린 물건을 집어주었을 때, 엘리베이터 단추를 눌러주거나, 버스에서 자리를 양보했을 때 등 아주 간단한 일에도 감사하다거나 고맙다고 말하라. 시간 약속을 잘 지킨다, 잘 웃는다, 대답을 잘한다 등 평상시의 모습을 있는 그대로, 바로바로 칭찬하라. 이 짧은 한마디가 상대를 기분 좋게 하고 부드러운 인간관계를 이끄는 윤활유 역할을 할 것이다.

직장이라면 실질적인 성과가 없는데 사소한 일에 칭찬하는 것이 정말 좋을까 걱정할 수도 있다. 괜히 긴장감이 사라진다고 말이다. 이런 사람들은 성과나 결과만이 최고라고 생각해서 아주 특별히 잘하지 않으면 쉽사리 칭찬하지 않는다. 요즘 시대에서는 결코 올바른 태도가 아니다.

사람은 인정받고자 하는 욕구가 충족되지 않으면 심리적으로 안정되지 않고 마음을 열지 못하며, 상대방을 신뢰하는 마음이 생기지 않는다. 칭찬의 말을 나누면 상대에게 호감이 생기고 자연스럽게 마음을 열 수 있다.

일을 하다가 어려운 문제가 발생했을 때 결과만을 중시하는 상사에게는 마음을 터놓고 얘기하기가 쉽지 않다. 물론 상사가 일부러 부하를 멀리하지는 않겠지만 부하가 상사를 어려워하고 멀리한다면 문제는 더욱 심각해진다. 일이 커진 후에 이를 알게 된 상사는 "왜 미리 알리지 않았어?"라고 다그치지만, 평상시 칭찬에 인색했던 자신에게도 문제가 있다는 사실을 알아야 한다.

한 일간지에서 직장 남성과 여성을 대상으로 "상사에게 어떤 말을 들었을 때 가장 기분이 좋은가?"라는 설문을 실시했는데 "수고했네"라는 대답이 가장 많았다고 한다. '너무 평범한 것 아닌가?'라고 생각할 수 있지만 그만큼 많은 사람들이 칭찬에 굶주려 있다는 반증일 것이다.

그렇다면 칭찬은 어떻게 하는 것이 좋을까?

자신이 좋다고 생각하면 그대로 "좋다" 또는 "잘한다"라고 솔직하게 말한다. 칭찬할 때 이런저런 미사여구를 늘어놓는 사람들이 있는데 그저 있는 그대로, 느끼는 그대로 좋다, 잘한다, 예쁘다, 어울린다고 솔직하게 말하는 것이 좋다.

하지만 아이들을 칭찬할 때는 "잘했다"라는 말만이 아니라 무엇을 잘했는지 구체적으로 얘기해 주는 것이 좋다. 가령 "장난감 정리를 잘 했어. 정말 착해", "책 한 권을 혼자서 다 읽었네? 참 잘 했어" 등 구체적인 행동을 칭찬한다.

또한 칭찬은 그 즉시 하는 것이 좋다. 칭찬에도 유효기간이 있다. 시간이 지나고 나서 나면 그 효과가 반감되므로 그 자리에서 즉시 느낀 그대로 칭찬하는 것이 가장 좋다.

## 칭찬할 때 주의할 점 세 가지

칭찬할 때 주의할 점으로 다음 세 가지가 있다.

첫 번째는 비교해서 칭찬하지 않도록 한다. 배우자, 부모, 자녀 모두 가장 듣기 싫은 말은 다른 사람과 비교해서 하는 말이다. 결코 다른 사람과 비교해서 칭찬하지 않도록 한다. 또한 자신과 비교해서 칭찬하는 것도 주의한다. "난 못하는데 넌 잘한다"거나, "난 흰머리가 많아서 늙어 보이지만, 넌 흰머리가 없어서 젊어 보여"와 같이 자신은 좋지 않고 상대가 좋다고 비교해서 칭찬하지 않도록 한다.

두 번째는 비아냥거리면서 칭찬하지 않아야 한다. 가령 기획서를 작성해 가지고 온 사원한테 "아이고 홍길동 씨도 이제야 사람 구실하네"라는 말은 결코 칭찬의 범주에 들 수 없다. 오랜만에 만난 친구한테 "요즘 돈 많이 벌어서 그런지 젊어 보이네" 같은 말은 사람에 대한 칭찬이 아니고 돈에 대한 칭찬이므로 결코 상대방의 기분이 좋을 리 없다.

세 번째는 건성으로 칭찬하지 않아야 한다. "어느 쪽인가 굳이 말하자면 젊어 보이는 쪽이야"라던가 상대를 보지도 않고 "그래, 그래, 아주 좋은데…"라며 대꾸하는 것은 상대방을 전혀 존중하지 않는 태도이다.

## 윗사람을 칭찬할 때

상사나 선배 등 윗사람을 칭찬할 때에는 조심해야 할 표현들이 있다. 예를 들어 밤늦게까지 일하고 있는 상사에게 "수고하세요"라고 말하거나 "열심히 하세요"라고 말하는 것은 올바른 표현이 아니다. "수고하세요"란 말은 원래 윗사람이 아랫사람한테 하는 말이다. 국립국어원에서도 윗사람에게 사용하기에 적절하지 않다고 밝힌 바 있다. 이럴 때에는 "먼저 들어가겠습니다" 또는 "내일 뵙겠습니다"라고 하는 것이 좋다.

상사를 칭찬하는 말에는 "역시 부장님이십니다", "한 수 배웠습니다", "과연 듣던 대로 대단합니다" 등의 말이 좋고, "저도 부장님처럼 존경받는 상사가 되고 싶습니다", "과장님이 가르쳐준 덕분으로 실적이 올랐습니다"와 같이 윗사람의 가르침이나 조언을 내

세우는 말이 효과적이다.

칭찬을 받으면 겸손하게 대답하기 위해서 "뭘요, 대단한 거 아닌데요"라고 대답하는 사람도 있다. 이것은 칭찬한 사람의 기분을 알아주고 공감하는 것이 아니다. 본인의 의사와는 달리 무의식적으로 부정하는 말이 되고 칭찬한 사람은 무안해지는 결과가 된다. 그러므로 칭찬을 받았을 때에는 칭찬을 그대로 인정하고 동의하는 말을 하는 것이 좋다. 가령 "그렇게 말씀하시니 부끄럽습니다", "칭찬해 주시니 기분이 좋습니다", "그렇게 칭찬해 주시니 정말 감사합니다" 등 상대의 말을 부정하지 않으면서 자신의 솔직한 기분을 표현하는 것이 올바른 자기주장의 기술이다.

상대의 부정적인 면을 말하고 나서 칭찬의 말을 하는 사람도 있다. 가령, "처음에는 쌀쌀맞고 냉정한 사람이라고 생각했는데 알고 보니까 그렇지도 않네요"라고 말하는 사람은 부정적인 면과 비교해서 그렇지 않다는 뜻으로 칭찬한 말이겠지만, 듣는 사람은 칭찬받아서 기분이 좋기보다도 부정적으로 표현한 말에 신경이 쓰여 "내 인상이 그렇게 안 좋았나? 내가 그 때 뭘 잘못했지?"하고 부정적인 말에 생각을 집중하게 된다.

## 상대가 칭찬을 받아들이지 않을 때

때로는 칭찬을 해도 상대가 받아들이지 않는 경우가 있는데, 이럴 때는 칭찬했을 때 말투나 표현방법이 상대의 마음에 안 들었을 가능성이 있다. 그럴 때는 즉시 "미안합니다. 내 말이 적절하지 못했습니다"라고 말한다. 또는 진심으로 칭찬을 해도 '분명히 무슨 속셈이 있을 거야. 나중에 뭔가 부탁하기 위해서야. 감언이설에 넘어가지 않도록 조심해야 해'라며 경계하는 사람도 있는데 칭찬받은 사람으로서 올바른 태도가 아니다.

칭찬을 했는데 받아들이기까지 시간이 걸리는 사람도 있다. 애써 칭찬했는데 이를 받아들이지 않으면 섭섭하겠지만 칭찬을 받아들이는 하나의 방식으로 이해하는 것이 좋다. 예를 들어 "옷이 잘 어울려요. 멋있는데요"라고 말했는데 "이게 그렇게 좋아 보이나요? 비싼 옷도 아닌데…. 싸구려 옷이에요"하고 말하는 사람도 있다. 돈의 가치를 논하는 것이 아니라 단순한 겸손의 의미로 이해하자.

칭찬을 해도 별다른 반응이 없거나 부담스러워 한다고 해서 '다시는 칭찬하지 않겠어'라고 생각하는 사람도 있다. 상대가 칭찬을 받아들이지 않는다면 좀 더 다양한 방법으로 상대방이 받아들이기 쉽게 표현하려는 노력이 필요하다. 칭찬은 받는 것보다 하는 것이 훨씬 어려운 일이다.

## 자신이 칭찬받았을 때

다른 사람에게 칭찬을 받았다면 어떻게 반응해야 할까. 다음 네 가지에 포인트를 두고 생각해 보자.

① 상대의 말을 잘 듣고 이해한다.
② 자신의 기분을 말로 표현한다.
③ 상대가 칭찬해주는 마음을 받아들인다.
④ 자신의 좋은 면을 인정한다.

ASSERTIVE COMMUNICATION SKILL

# 관계를 나쁘게 하지 않으면서 'No'라고 말하는 기술

사회생활을 하다보면 주위 사람들의 부탁을 거절하지 못해 스트레스를 받곤 한다. 또 마음속으로는 거절하고 싶었지만 어쩔 수 없이 "그래"하고 말하고 나서 후회한 경험도 있을 것이다. 자신도 언제고 상대에게 부탁할 일이 있을지 몰라 상대의 부탁을 거절하지 못하는 경우도 있다.

모르는 사람이 전화해서 "자동차 보험 이번에 바꿔보세요", "좋은 관광 상품이 나왔는데요"라고 한다면 그냥 전화를 끊어버리거나 'No'라고 거절하기가 쉽다. 그런데 아는 사람이 뭔가를 부탁하면 거절하기 곤란하다.

가령 회사의 친한 선배가 퇴근 시간 후 급한 보고서 수정을 도와달라고 부탁했다. 그런데 공교롭게도 그날은 퇴근 후 중요한 약속이 있어서 '칼퇴근'을 생각하고 있었다. 이런 상황이라면 당신은 어떤 선택을 하겠는가?

"안 돼요. 오늘은 정시에 퇴근해야 해요"라고 말하고 상대의 부탁을 거절한다면 공격적인 태도다. 그렇다고 해서 "그러죠 뭐…"라며 자신의 약속을 취소하고 선배의 업무를 도와준다면 수동적인 태도가 된다. 공격적인 태도는 상대를 부정하는 것이 되고 수동적인 태도는 자신을 부정하는 것이 된다.

상대를 인정하고 자신도 인정하면서 'No'라고 말하는 방법이 있다. 자신은 여기까지 할 수 있지만 그 이상은 하지 못한다고 명확하게 말하는 것이다. 가령 선배가 보고서 수정을 도와달라고 했을 때 일단 선배의 말을 수용한다. "아, 보고서 수정이요? 알겠어요"하고 대답한다. 그리고 지금 내가 할 수 있는 일인가 혹은 자신의 우선순위를 생각해 본다. 그리고 나서 '네, 아니오'를 결정한다. 부탁받은 일을 즉시 할 수 없을 경우에는 선배에게 보고서 수정을 다음날 아침까지 해도 좋을지 묻고 만약 괜찮다면 내일 아침에 일찍 나와서 돕겠다고 대안을 제시할 수도 있다.

이러한 방법은 상대의 부탁을 부정하는 것이 아니라 상대가 제시한 문제를 자기 나름대로 고민해서 서로에게 좋은 해결책을 제안하는 것이다. 상대를 우선적으로 생각하면 그 과정에서 자신의 사정은 뒤로 밀리게 된다. 그러면 내키지 않는 부탁을 거절하지 못하는 것이 되고, 결국 'No'라는 말을 하지 못하게 된다. 이렇게 'No'라는 말을 하지 못하면 그 스트레스는 소화불량이나 두통 등 자신에게 고스란히 나타난다. 자신의 기분을 중요하게 여기지 않고 억누르고 있으면 회사는 물론 가족과의 대화가 적어지고 불면증이 생기는 등 심각한 결과로 이어지는 경우도 있다.

해야 할 때 'No'라고 말하지 못하는 이유는 크게 세 가지를 들 수 있다. '거절해서는 안 된다'라고 생각하는 선입관, 자신의 기분을 결정하지 못하는 경우, 그리고 'No'라고 하고 싶은 마음은 있지만 적절한 전달 방법을 모르는 경우이다.

### 거절해서는 안 된다는 선입관

'No'라고 말해서는 안 된다는 선입관은 "'할 수 없다'라고 말하는 사람은 능력이 없다"는 주변 사람의 평가를 강하게 믿고 있기 때문이다. 그래서 자신이 하지 않으면 안 된다, 거절해서는 안 된다는 생각에 스스로 얽매여 있는 것이다.

이런 생각을 하고 있으면 'No'라고 말하는 것에 공포와 불안을 느끼기 때문에 결국 'No'라고 말하지 못한다. 그 결과 자신의 능력 이상의 일이라도 '하겠다'라고 대답해 시간 내에 일을 끝내지 못하고 주변 사람들한테도 피해를 주게 된다. 또는 지나치게 과로해서 건강이 악화되기도 한다. 이처럼 잘못된 생각과 믿음, 신념은 우리를 잘못된 판단으로 이끌게 된다.

한번쯤은 자신의 생각에 의문을 갖는 자세가 필요하다. 진짜 자신이 지금 하지 않으면 안 되는 것인가? 진짜 거절해서는 안 되는 것인가? 이런 질문을 해서 무의식 속에 깊이 박혀 있는 "No라고 해서는 안 된다"는 선입관을 다시금 생각하는 것이다.

'No'라고 말하는 것을 뒤집어 생각하면 어디까지는 가능하다는 말이다. 여기까지는 할 수 있지만, 더 이상은 안 된다는 경계선을 분명히 하는 것이다. 이 경계선이 분명하면 할 수 없는 것에 대해 어떻게 하면 좋은가 상대와 함께 고민할 수 있다.

자신은 무엇을 할 수 있고 무엇을 할 수 없는가 그 경계선을 스스로 파악해 둔다. 다시 말하지만 'No'라고 하기 위해서는 잘못된 선입관에서 벗어날 필요가 있다.

### 할 수 있는 것을 발견한다

상대에게 'No'를 말하고 싶을 때, 자칫하면 거절하고 싶어 하는 것에 초점을 맞춰서 어떻게 거절할 것인가라고 생각하기 쉽다. 하지만 초점을 맞춰야 하는 것은 자신이 할 수 있는 것이다. 'No'라는 말을 뒤집으면 자신의 'Yes'(바람, 하고 싶은 것)가 나온다. 그러면 자신이 왜 'No'를 말하고 싶은지 분명하게 파악할 수 있다.

병원에서 근무하는 최지원 씨는 심야근무가 끝난 후 외식하고 집에 가자는 동료의 말을 거절해야겠다고 생각했다. 그녀의 동료는 함께 식사하면서 얘기하는 것을 좋아했다. 그녀는 오늘 일 때문에 받은 스트레스를 식사하면서 풀어버리자고 말한다.

이때 지원 씨한테 가장 중요한 것은 무엇인가? 쉬고 싶다는 것이다. 다른 어떤 것보다 쉬는 것을 우선적으로 생각하고 있다. 이렇게 친구의 말을 거절하기 위해서는 자신이 가장 필요한 것이 무엇인지 또는 자신의 'Yes'(할 수 있는 것)를 발견하는 것이 중요하다. 이것이 상대의 요구에 'No'를 말하기 위해 내딛는 첫걸음이 된다.

고승민 팀장은 상사가 말한 새로운 프로젝트의 담당을 맡아야 하는지 어떤지 고민하고 있다. 조금 더 열심히 일한다고 생각하면 할 수 없는 것은 아니지만 지금 현재 담당하고 있는 프로젝트가 드디어 궤도에 오르고 있어서 조금 더 시간과 에너지를 쏟고 싶기 때문이다.

이런 상황에서 고승민 팀장이 할 수 있는 것은 무엇인가? 현재 하고 있는 프로젝트를 궤도에 올릴 때까지 집중하는 것이다. 지금 새로운 프로젝트를 맡으면 현재 진행하고 있는 일도 새로운 일도 모두 흡족한 결과를 얻기 어려울 것이다. 앞으로 6개월간은 지금 프로젝트에 전력을 쏟는 것이 고승민 팀장이 생각하고 있는 'Yes'이다.

이렇게 생각하면 상사에게 일정한 유예 기간이나 다른 형태의 협업을 제시하는 등 대등하게 협상할 수 있다. 이것이 상대에게 'No'라고 말하는 것보다 훨씬 더 생산적이고 바람직한 결과를 만들 수 있다. 자신이 중요하게 생각하는 것을 명확하게 함으로써 상대에게 성실하게 대하는 것이다.

## 'No'를 말할 때의 포인트

자신에게 중요한 것을 명확히 하면서 'No'를 전달하기 위해서는 자신의 목소리에 귀를 기울여 보는 것도 도움이 된다. 우리 몸은 정직하다. 머리로 'Yes'나 'No'를 결정하기 전에 몸이 반응하기 때문이다. 예를 들어 위가 쓰리고, 얼굴색이 파랗게 변해서 뒷걸음질 치거나, 숨을 죽이거나 하는 반응으로 나타난다.

선배가 "내가 살 테니까 밥이나 먹으러 가자"라고 말하면 "네, 좋아요"라고 대답하고 나서 "뭔가 말하고 싶은 게 있죠?"하고 움찔하는 것도 자연스런 몸의 반응이다. 이런 경우 먼저 자신의 속

마음에 귀를 기울여 본다. 이것은 상대에게 'No'라고 전달할 것인가 아닌가와는 별도로 먼저 자신의 마음을 솔직하고 명확하게 하기 위한 방법이다.

## 솔직하게 'No'를 말하기 위한 세 가지 방법

### ① 상대의 입장을 이해하고 마음만 받는다

자신한테 곤란한 부탁이나 요구를 했더라도 상대는 선의로 좋은 일이라고 생각하는 경우가 있다. 당신을 곤란하게 한다거나 나쁜 마음으로 무언가를 하겠다고 생각하지 않았다고 한다.

그래서 처음에 상대가 어떤 부탁을 하거나 말하는 내용을 자신의 말로 확인하는 것이 중요하다.

"업무에 대한 상담을 겸해서 점심 식사하자는 건가요?"
"그렇습니까? 오늘 중으로 서류를 보내야 한다는 것입니까?"
"이 일은 상당히 급하게 처리해야 한다는 것이죠?"

이 때 상대의 선의나 배려하는 마음은 받아들여 "마음만 받겠습니다"하고 말한다.

"같이 점심 먹자고 한 것은 정말 감사하지만….'

"오늘까지 필요하다는 말씀은 알겠지만….'

"급하다는 사정도 알겠지만….'

이렇게 상대의 입장이나 상황을 이해하고 상대의 마음을 받아들여 공격적이 아닌 자기주장(어서티브)으로써의 'No'가 되는 것이다. 처음부터 "곤란한데요", "안 돼요", "할 수 없어요"라고 결론만을 말하는 것은 공격적이다. 자신은 공격적으로 말할 의도가 없었다고 해도 상대는 부정적으로 받아들일 수 있다. 자기주장(어서티브)으로써의 'No'는 상대의 마음을 받아들이는 말을 전달하는 것부터 시작한다.

② 무엇이 'No'인가 핵심을 명확히 한다

상대의 부탁에 대해서 무엇이 'No'인지 핵심을 분명하게 한다. 예를 들어 시간이 문제인지, 일의 양이 문제인지, 마감 기간이 문제인지, 아니면 오늘까지라는 날짜가 문제인지 이것을 명확히 하면 상대와 대화하거나 협상하기가 쉽게 된다.

친구가 영화 보러 가자고 했을 때 거절하려는 이유가 영화 보러 가자고 하는 시간이 문제인지, 영화 내용이 문제인지, 아니면 영화에 나오는 배우들이 문제인지 명확히 하는 것이다. 그런 후라면 다른 영화를 보지 않고 연극을 본다거나 콘서트에 간다거나 하는 대안이 가능하다.

이렇게 'No'의 핵심이 무엇인가를 명확하게 하는 것은 중요한 프로세스다. 시간이 걸리더라도 마음속에 물어보라. 시급하게 결정하지 않아도 된다. 그 상황에서는 상대의 말을 일단 받아들이고 그 다음에 'No'의 이유를 생각해 보는 것도 방법이다. 그러면 상대에 대해 성실하게 대응한 것이 된다.

### ③ 대안을 제시한다

상대도 이유가 있어서 부탁했는데 'No'라고만 말하면 문제해결이 되지 않는다. 할 수 없다면 어떻게 하는 것이 좋은지, 나름대로 생각한 해결방법을 상대에게 말하고 협상하도록 한다. 대인을 생각해서 상대에게 전달하는 것까지 해야 올바른 'No'를 전달하는 것이다.

대안은 긍정적이고 현실적인 내용이 되도록 해야 하지만, 상황에 따라서는 'No'라고 말하는 것이 보다 좋은 해결책이 되는 경우도 있다.

## 'No'를 전달하는 네 가지 방법

### ① 그 상황에서 'No'를 말하지 않아도 된다

상대의 부탁이나 요청에 그 상황에서 'Yes'나 'No'를 대답해야 한다고 생각하지 않는다. 어느 쪽인가를 확실히 정하는 것이 어렵고, 중간 정도의 의견도 있다. 어느 쪽이라고 분명히 정하지 않았을 때는 보류해도 된다. 분명하게 결정하지 못한 마음을 그대로 전달해도 된다.

지금 어느 쪽도 정하지 못하고 있다면 조금 더 정보를 달라고 하거나, 판단할 수 있는 재료를 요구한 다음에 대답을 한다. 이런 경우 기다려 달라는 말로 'No'라고 하지 않도록 주의한다. 'No'를 말할 때는 확실하게 'No'라고 전달하는 것이 성실한 태도다. 또한 마음의 결정을 하지 못하고 있다면 있는 그대로 솔직하게 말하는 것이 좋다.

### ② 간결하고 솔직하게 말한다

'No'라고 말할 때 상대에 대한 미안함이나 불편한 마음에서 이유나 핑계를 늘어놓지 않도록 한다. "갈 수 없는 건 아니지만 일이 밀려있고 요즘에 피곤해서… 그리고 차도 막힐 시간이라…"라고 핑계를 늘어놓으면 듣는 상대도 질리게 된다.

자기주장(어서티브)의 'No'는 자신의 이유를 이해해 달라고 하기보다 자신의 의사를 전달하는 것을 우선적으로 생각한다. 자신이 중요하게 생각하고 있는 것을 간결하게 전달한다.

"이번에는 가족들하고 함께 지내야 하니까 같이 여행을 갈 수 없어."

"앞으로 6개월간은 팀원 교육에 힘을 쏟고 싶습니다. 그래서 이 기간에는 출장을 가지 않았으면 합니다."

### ③ 마지막까지 확실하게 전달한다

"지금은 피곤해서…."

"다른 일도 있어서 ."

이처럼 자신은 이유만을 말하고 말꼬리를 흐리면서 상대가 "그래서 안 된다는 거야?"하고 결국 상대방이 'No'를 말하게 하는 사람이 있다. 이렇게 말꼬리를 흐리면 상대방과 그 이유를 둘러싸고 다시금 논쟁을 펼 우려가 있다. 가령 "오늘은 피곤해서…"라고 'No'의 의미로 말했지만, 상대는 "피곤하고 바쁜 것은 모두 마찬가지야. 이럴 때 한 잔 마시면 피곤이 풀려"라고 다시 요청을 하게 된다.

이렇게 되지 않기 위해서는 자신의 생각을 확실하게, 말꼬리를 흐리지 않고 마지막까지 확실하게 전달한다.

"지금은 피곤해서 외출하지 않고 집에서 쉴 거야."
"다른 일을 해야 하니까 오늘 중으로 보내는 것은 어려워."

**④ 자신과 상대를 존중하는 마음으로 'No'라고 말한다**
상대에게 'No'라고 말할 때 상대의 반론을 두려워해 결론만을 전달하는 경우가 있다. 이때에는 'No'가 자기만족이 되지 않도록 주의할 필요가 있다.

직장에서 시설 담당 관리자로 일하고 있는 심평우 과장은 신입사원 시절부터 이 직장에서 일했고 지금은 관리자로 리더의 역할을 하고 있다. 부장이나 윗사람들이 신뢰하고 있고, 아랫사람들의 업무 지도부터 많은 업무를 하고 있다. 최근 들어서는 교사 자격증을 취득하기 위해 야간 대학원에 다니고 있다. 그는 평소 시설을 관리하는 전문적인 인재를 육성하고 싶다고 생각했다.

심평우 씨는 부장에게 자신은 새로운 경력을 쌓고 싶어서 지금의 회사를 그만두겠다고 얘기했다.

"저는 새로운 일을 하고 싶습니다. 앞으로 강사 업무를 하려고 생각하고 있어서 지금 하고 있는 업무를 그만 두겠습니다. 업무 인계는 확실하게 하겠습니다."

심평우 씨가 자신의 장래에 대해 잘 생각하고 결정했다는 것은 이해하겠지만 상당히 일방적인 결정이다. 자신의 의사를 확실히 전달하는 것은 중요하지만 이것은 필요조건이고 충분조건이라고 할 수 없다.

자기주장(어서티브)의 'No'는 '자신에 대한 존경'과 '상대에 대한 존경' 양쪽이 있어야 성립된다. 자신의 주장의 이유를 중요하게 생각해 전달하는 것은 좋지만 상대에 대한 감사의 마음을 전달하지 않는 것은 일방통행이라고 할 수 있다.

그럼 어떤 말을 해야 상대에 대한 존경이 들어간 말이 될까? 다음과 같은 말이다.

- 자신은 이 회사에서 10년간 많은 것을 보고 배웠다는 것
- 여기서의 업무 경험 때문에 지금의 자신이 있다는 것에 대한 감사의 말
- 자신을 키워준 부장이나 직원들에 대한 감사의 말
- 지금의 자신을 토대로 더욱 경력을 쌓아가고자 한다는 것
- 자신은 시설관리 업무가 아니라 인재 육성 분야에서 일을 하고자 한다는 것
- 지금까지 감사하고 앞으로 업무 인계를 확실히 하겠다는 말

이런 말들이라면 상대를 존중했다고 할 수 있다.

자기주장의 'No'는 서로를 생각하는 마음 없이는 가능하지 않다. 자신의 강한 의지와 상대에 대한 배려가 균형을 잡았을 때 진심으로 전달된다. 이렇게 되었을 때 상대가 받아들이게 된다.

ASSERTIVE COMMUNICATION SKILL 08

# 비난에 대처하는 기술

　자신이 유리한 위치에 서기 위해 상대의 약점을 파고들거나 의도적으로 비난해서 상대를 제압하려고 하는 경우가 있다. 비난받으면 반발심이니 분노로 몸이 움츠러들어 흥분하거나, 화를 내기도 한다.

　비난을 받을 때도 공격적인 사람은 비난을 받는 자체를 용서할 수 없고 상대가 말한 비난의 말을 몇 배로 해서 보복한다. 반면 수동적인 사람은 비난을 받지 않도록 먼저 몸을 피한다. 두 가지 모두 자신을 향한 비난의 말에 현명하게 대처하지 못하고 있다.

　대부분의 비난은 자신의 전부가 아니라 일부에 대한 것이다. 이를 깨닫게 되면 민감하게 반응하거나 필요 이상으로 감정적인 반응을 할 필요가 없다. 게다가 종종 비난의 말들은 자신을 좀 더 깊게 이해할 수 있는 깨달음의 계기가 되기도 한다.

## 비난에 대처한다

    비난에 적절하게 대처하기 위해서는 먼저 비난의 말을 잘 듣고 이해하는 것이 중요하다. 다음으로 그 비난에 동의하는가 아닌가를 판단한 후 적절한 대처방법을 결정한다.

    우리들은 어린 시절부터 부모나 친구들, 선생님한테 수많은 비난의 말을 들으면서 성장했다. 글자를 배우는 것부터 시작해서 말하기, 시험, 진학에 관한 것은 물론 외모나 능력, 심지어는 인격적인 모독에 이르기까지 수많은 비난에 직면하며 살아왔다. 이렇게 말로 상처받은 경험은 마음속 어딘가에 남아 있다가 때때로 튀어나와 우리들을 괴롭히곤 한다.

    이 가운데는 '정말 이 말만은 듣고 싶지 않아'라고 생각하는 것들이 있는데 이것을 '마음의 급소'라고 한다. 이러한 마음의 급소는 어떤 말인지 스스로 자각함으로써 누군가가 아무렇지도 않는 상황에서 자신의 급소를 건드렸을 때 흥분하거나 이성을 잃지 않도록 해야 한다.

    누구나 어린 시절 경험 때문에 생긴 급소는 있다. 자신은 아무렇지 않다고 생각해도 어느 순간 특정한 말에 상처받고 스스로 놀라는 경우도 많다. 과거에 상처받았거나 실패했던 자신을 탓하지 않고 지금껏 열심히 살고 있는 자신을 인정하는 것이 중요하다.

### ① 비난의 말을 받아들인다

비난의 화살이 날아왔을 때는 "그렇지 않아, 그런 일 없어, 하지만…"하고 반발할 것이 아니라 일단은 받아들이도록 한다. 아무리 귀가 아프고 마음속에서 아니라고 외치고 싶어도, 아무리 화가 나도 일단 상대의 말을 듣고 이해하도록 한다. 하지만 이것이 가장 어렵다.

여기서 중요한 것은 비난을 하도록 허락하는 것이지 그 비난의 말에 동의하는 것이 아니라는 것이다. 동의하는 것은 상대의 비난에 귀를 기울여 듣고 들은 것을 태도로 나타내는 것이다.

그럼 비난을 허락하지 않으면 어떻게 될까? 상대는 당신에 대한 비난의 메시지를 어떻게든 전달하려고 하기 때문에 당신이 허락할 때까지 계속 전달하려고 한다. 즉, 비난의 화살은 멈추지 않고 점점 많아진다. 이러면 커뮤니케이션이 되지 않는다. 상대의 말을 듣지 않으면 문제해결을 위한 출발을 할 수 없게 된다. 커뮤니케이션을 하지 않고 비난만 하면 아무런 성과가 없으므로 어떻게든 대화하도록 자신을 컨트롤할 필요가 있다. 상대의 말을 들을 때는 흘려듣지 말고 이해하려고 경청하는 자세를 갖는 것이 중요하다. 일단 다음과 같은 자세를 갖도록 한다.

- 상대의 언어를 자신의 언어로 바꿔서 확인한다.
- 상대의 언어 속에 있는 기분을 말한다.
- 필요하면 질문하면서 더욱 깊은 정보를 얻는다.

비난하고 있는 상대에게 진지한 태도를 보이는 것만으로도 공격의 화살은 상당히 약해진다. 그러면 비난하고 있는 문제해결에 한 걸음 다가서게 된다.

상대의 비난을 잘 듣고 경청하는 기본자세는 다음과 같다.

"네…. 그렇게 생각했군요."
"그렇군요. 내가 ○○○라고 생각하셨군요."
"저의 ○○○ 태도가 문제라는 것이네요."
"제가 ○○○한 것이 불쾌했다는 말씀이네요."

이렇게 말할 때는 상대의 얼굴을 보고 차분한 태도로 말하고 필요하다면 그때 자신의 감정을 말한다.

② 비난에 휘둘리지 않는다

비난하는 사람의 목적은 상대가 화를 내고 흥분하게 만들기 위해서다. 일부러 비난을 해서 자기 마음대로 하려는 것이다. 때문에 의도적인 비난에 휘말리지 않기 위해서는 목소리를 높이지 않고 차분하게 대응해야 한다. 이런 사람들은 상대의 약점을 공격해서 자신의 존재가치를 확인하려고 하므로 당신이 틀렸다 같은 식으로 대응해 말싸움이 되지 않도록 주의한다.

새로운 일을 하거나 익숙하지 않은 일을 할 때 실수를 해서 지적받거나 놀리는 말을 듣게 되는 경우가 있는데, 이럴 때에는 어떻게 대응하는 것이 좋을까?

유머를 가장한 농담과 조롱이 불명확할 때가 있지만, 놀리는 말을 듣고 본인이 불쾌감을 느끼면 놀리지 말라고 분명하게 얘기해야 한다. 가령, 필자의 후배 하나는 출판사에서 디자이너로 근무하고 있는데 디지털 카메라 같은 최신 제품을 잘 다루지 못했다. 그러자 주위에서 "디지털 카메라 사용법 하나 제대로 모르는 사람이 어떻게 디자이너 일을 하고 있니?"하는 식으로 놀렸지만 옹졸한 사람으로 보이고 싶지 않아서 그냥 넘어갔다가 자꾸 반복되자 바보취급 당하는 느낌이 들어서 결국 폭발했다고 한다. 이런 경우 본인이 불쾌감을 느끼면 그 자리에서 분명하게 얘기하는 것이 좋다.

그나마 회사에서 이런 일이 일어나면 어느 정도 감정을 조절할 수 있지만, 가정에서 배우자가 비난하는 경우에는 참기 어려운 경우가 많다. 가령 휴일에 골프를 치려고 하는데 가족이랑 같이 놀러가지 않는다며 아내가 "당신은 식구들은 전혀 생각하지 않고 혼자서 놀러 다니는 이기적인 사람"이라고 비난하는 경우도 있다.

이런 경우는 상대방에게 싫은 소리를 하는 진짜 이유를 물어보면서 대화를 시도해야 한다. 항상 하는 잔소리라고 생각해서 한쪽 귀로 듣고 한쪽 귀로 흘려보내지 않는 것이 중요하다. 대화하게 되면 타협점이나 해결점을 찾을 수 있기 때문이다.

### ③ 비난의 가능성에 동의한다

때로는 상대의 비난을 부정하기 전에 그 가능성에 동의하는 방법도 있다. 상대가 한 말을 모두 부정하는 것이 아니라 어느 정도 가능성이 있다는 관점에서 받아들이자는 것이다.

상대가 "몸에서 땀 냄새가 나는데"라는 말을 했다고 하자. 샤워를 한 직후가 아니라면 땀 냄새가 날 가능성도 있다. 상대가 한 말을 전부 부정하는 것이 아니라, 어느 정도 사실일 가능성이 있다는 전제하에서 상대의 말을 인정하고 동의한다는 관점인데 주로 개인적인 취향을 공격하는 사람에게 적용하는 것이 좋다.

이것은 상대의 말을 인정한다는 의미이지 '사실이 그렇다', '그렇지 않다'와는 다른 관점이다. 이런 관점은 비난의 말을 함부로 하는 사람들한테 대응할 때 효과적이다. 가령 "너 못생겼어"라는 말을 들으면 "네가 그렇게 생각하고 있다는 거 나도 알고 있어"라고 말한다. 이렇게 가능성에 동의하면 자신을 놀리거나 괴롭히는 말을 들어도 열등감이나 콤플렉스에 시달리지 않고 보다 객관적으로 바라볼 수 있다. 또한 "집이 난장판이구나. 이런 돼지우리 같은 곳에서 어떻게 생활하니?"하고 말하면 "그래, 네가 말한 대로 집이 좀 엉망이야. 하지만 내가 생활하는 데는 별로 불편하지 않아"라고 대답한다.

주변 사람들을 흉보거나 비난하는 것이 즐거움인 사람들은 상대의 취향에 대해 비난의 말을 늘어놓는다. 옷차림이나 머리 모양, 걸음걸이와 같은 지극히 개인의 취향이니 외모에 대해서 비난받을 때도 있다. 가령 "나이가 마흔이 넘었으면서 생머리가 뭐니? 정말 꼴불견이다"라는 말을 들었을 때, "아, 그렇게 보이나요. 하지만 나는 이런 스타일을 좋아해요"라고 상대가 말한 것을 그대로 인정하면, 본인이 상처받지 않으면서도 자신의 생각을 분명하게 말할 수 있다.

④ 비난에 동의하지 않는다

예를 들어 누군가 당신에게 "요즘 좀 의욕이 없어 보이네?"라고 말했다면 "그렇게 보이나요? 저는 아닌 것 같은데 구체적으로 어떤 점이 그렇게 보이나요?"하고 상대가 더욱 많은 얘기를 할 수 있도록 대화한다.

"당신은 제멋대로 하는 사람이야"라는 말을 들었다면 어떻게 대응하면 좋을까?

어떤 약속을 지키지 않았던 것은 사실이다. 하지만 제멋대로 하는 사람이라는 말은 동의하지 않는다고 하면 "확실히 그때는 약속을 지키지 않았지. 그때는 정말 미안했어. 그렇다고 해서 제멋대로 하는 사람이라는 말은 듣고 싶지 않아"하고 솔직하게 상대를 보면서 말한다.

술좌석에서 농담이나 비웃음, 조롱 섞인 말을 들었을 때에는 "그런가요?"라고 말하면서 과감하게 자리를 뜨는 것도 하나의 방법이다. 직장에서 상사나 선배한테 비난의 말을 들었다면 진짜 문제가 무엇인지 생각해 보는 것도 필요하다. 혹시 업무의 진행 방법에 문제가 있을 수 있고, 혹은 다른 개선 방법을 발견할지도 모른다.

비난에 효과적으로 대처한 결과 이전보다 좀 더 좋은 상황이나 인간관계를 만든다면 얼마나 좋은 일인가.

ASSERTIVE COMMUNICATION SKILL

# 자기주장을 망치는 언어습관을 자각한다

　잘못된 언어습관은 대화의 단절을 야기할 만큼 부정적인 반응을 가져온다. 은어, 과장된 표현, 불필요한 표현 등을 계속 사용하면 분명히 문제가 된다.

　언어습관은 무의식적인 행동이다. 어떤 습관은 대화를 짜증나게 만드는가 하면 어떤 습관은 문제를 더욱 복잡하게 만드는 결과를 낳을 수도 있다. 누군가와 대화하면서 짜증나는 경우가 생긴다면 대화에 집중할 수 없게 되고, 심한 경우 대화가 중단되기도 한다.

　혹 당신에게는 상대의 주의를 분산시키는 짜증스런 언어습관이 있는가? 이런 언어습관은 무의식적으로 나타나는 것으로 누구나 한두 개쯤은 가지고 있다. 누군가 말을 하지 않았다면 당신은 지금껏 모르고 지나왔을 수도 있다. 공식적인 대화에서 나쁜 언어습관이 나타난다면 치명적인 결과를 가져올 수도 있으니 자신의 언어습관에 대해 하루빨리 자각하기로 한다.

### 말을 빨리 하는 습관

말을 너무 빨리하면 상대한테 산만하다거나 강한 사람이라는 인상을 주기 쉽다. 눈을 보면서 말을 빨리 하면 상대방은 공격당하고 있다는 느낌을 갖게 된다. 말을 빨리 하는 사람은 천천히 말하면 부자연스럽고 스스로 답답함을 느끼는 경우가 많다. 이런 경우는 상대가 얘기를 끝내면 한 호흡을 크게 쉬고 난 다음 말을 하도록 한다.

### 말꼬리를 강조하는 습관

말꼬리를 강조하는 습관은 강인한 인상을 주기 쉽다. 동의를 구하거나, 사실을 전할 때 말꼬리를 강하게 발음하면 단정적이고 강요하는 느낌을 준다. 사람에 따라서는 반발하거나 무서워한다. 잘 들릴 수 있도록 확실하게 발음하는 것은 중요하지만 상대에게 위압감을 주면 역효과가 생긴다.

## 목소리가 작고 말꼬리를 흐리는 습관

아주 단순한 이유로 상대가 내 말을 듣지 못한다는 사실을 깨닫지 못한다. 목소리가 작으면 들리지 않고 들리지 않으면 전달되지 않는 것이다. 말꼬리를 흐리는 사람은 문맥 연결이 안 되니까 알기 어렵고, 고개를 숙이고 말하면 목소리가 아래를 향하므로 알아듣기 어렵다. 또한 많은 사람들이 함께 얘기하고 있을 때에는, 얘기를 듣는 사람이 달라지거나 화제가 바뀌어서 무슨 얘기를 하고 있는지 알기 어렵게 된다. 상대한테 말이 들리지 않아도 상관없다는 생각으로 말꼬리를 흐리는 경우도 있다.

여성의 경우에는 어렸을 때부터 큰 소리를 내면 안 된다는 말을 듣고 자라서 이것이 습관이 된 사람도 있다. 이런 사람은 자신의 말을 녹음해서 들어보는 등의 방법으로 자신의 적절한 목소리 크기를 찾아야 한다.

## 불필요한 말을 하는 습관

"저기, 그, 저…" 등 필요한 말과 말 사이에 의미 없는 말은 누구나 쓰고 있지만 이런 말이 너무 많으면 산만한 인상을 주고 메시지의 임팩트가 없어진다. 일상적인 대화에서는 큰 문제가 없지만 중요한 대화에서는 상대가 가볍게 흘려듣거나 무시당할 수도 있다.

"저기 오늘이 마감일인데…. 그래서 지난번에 부탁했던 그 뭐더라…. 그 일… 해 주셨으면 하는데요."

이렇게 말하면 무슨 말을 하려는지 잘 모른다.

"오늘이 마감일이라서 전에 부탁했던 그 일을 오늘 중으로 끝내줬으면 하는데요."

비교해 보면 차이를 분명히 알 수 있다. 불필요한 말을 없애는 것만으로 무엇을 말하고 싶은지 확실히 전달할 수 있다.

또한 강한 표현을 하기 위해서는 말을 끊어서 하는 방법도 있다.

"책임을 갖고, 일을, 해주기, 바랍니다."

"약속은, 반드시, 지켜 주세요."

이 때 상대의 눈을 보고 마지막까지 말끝을 흐리지 않고 말하도록 한다.

상대가 좀 더 진지하게 받아들이게 하기 위해서도 말 사이에 불필요한 말을 끼우는 습관은 고치는 것이 좋다.

## 서론을 장황하게 말하는 습관

겸손하기 때문인지 아니면 방패막을 치기 위한 것인지 장황하게 늘어놓고 나서 말하는 사람이 있다. 서론이 장황하면 말하고자 하는 것이 무엇인지 상대한테 제대로 전달되지 않는다. 또한 지나치게 조심스런 표현 자체가 자신의 말은 무시해도 괜찮다고 생각하게끔 만들 수도 있다.

가령 아이를 봐 달라는 부탁을 거절할 때는 "항상 사이좋게 지내고 있는데 미안해. 오늘 오후에는 좀 쉬고 싶어. 그래서 아이들을 돌봐주기는 힘들 것 같아."

또 새로 산 접시를 빌려달라는 부탁을 거절할 때도 "매일 쓰고 있는 건 아니지만 이 접시는 선물받은 거라서…. 나도 정말 소중하게 여기고 있는 거야."

상대에 대한 배려는 필요하지만 말이 전달되지 않으면 아무것도 되지 않는다. 서론이 너무 장황하면 그 말을 재료로 삼아 오히려 역공을 당할 수도 있다. 그저 오늘은 자신이 쉬고 싶으니까 아이들을 봐줄 수 없다, 선물받은 소중한 접시라서 빌려주기 싫다고 말하면 된다.

말을 간단하게 함으로써 기분이 그대로 전달된다. 서론을 장황하게 말하는 것이 습관화된 사람은 처음에는 용기를 내야 할지 모르지만 조금씩 고쳐 나가는 습관을 들이도록 한다.

## 어려운 단어를 쓰는 습관

 어려운 학문적인 용어나 전문용어를 많이 사용하면서 대화하는 사람이 있다. 물론 어휘를 풍부하게 사용하는 것은 나쁜 것이 아니다. 하지만 상대와 대화를 하는 가운데 어려운 말을 쓰게 되면 의사소통이 정확하게 이루어지지 않게 된다. 때로는 상대가 모욕감을 느낄 수도 있다. 좋은 대화는 쉬운 단어로 간결하게 하고 싶은 말을 하는 것이다.

 자신을 훌륭하게 보이기 위해 의식적으로 어려운 단어를 사용하는 사람도 있을지 모르지만 이런 모습은 진정한 자신감을 가진 모습이 아니다. 상대가 모르는 어려운 단어를 쓰면 상대는 당황하거나 자신을 무시한다고 생각할 수도 있다. 중요한 것은 말하고자 하는 것을 상대가 알아듣는 것이다.

## 자신을 감추면서 말하는 습관

자신에게만 대화를 집중시키지 않고 상대에게 관심을 갖는 것은 좋지만, 자신에 대해 얘기를 하지 않으면 상대를 불편하게 할 수도 있다. 서로의 관심이나 가치, 개성, 믿음에 대한 대화는 그 자체로 유익한 것이다. 그러므로 자신을 어느 정도 드러내면 대화를 좀 더 진실하게 나눌 수 있다.

나 자신의 얘기를 상대에게 말할 때 상대방은 친밀감을 느끼게 된다. 진정한 친밀감은 일방적이지 않고 상호적인 감정이다. 이런 친밀감이 일방적인 감정이 된다면 경우에 따라서 상대에게 부정적인 인상을 남기게 된다. 대부분의 사람은 서로에 대한 대화를 나누면서 신뢰를 얻고 싶어 한다.

## 마지막 말은 자신이 하는 습관

습관적으로 끝맺음하는 말은 중독과 같다. 이러한 습관은 마지막 말은 자신이 해야만 직성이 풀리는 사람들이 공통적으로 지니고 있다. 이런 사람들은 자신이 끝맺음하지 않으면 대화가 끝나지 않은 것처럼 느낀다. 다른 사람의 마무리는 무시하거나 대화가 끝

났는데도 무언가 한마디 더하려는 경우도 있다. 끝맺는 말을 자주 하는 사람은 내용보다 형식을 중요시하는 경우가 많다.

상대한테 끝맺는 말을 하도록 유도함으로써 상대의 만족감을 높여주는 방법도 있다.

상사가 "오늘 아주 유익한 미팅이었어. 그럼 다음주에 보지"라고 했을 때, "새로운 전략을 실행할 방법을 계속 생각해 보겠습니다. 빨리 진행시켜야 하니까요. 그럼 다음주에 뵙겠습니다"하고 말하는 것은 대화를 끝맺지 않고 계속 말을 하고 있는 것이다.

당신은 그저 "감사합니다. 다음주에 뵙겠습니다"라고 인사말만 하는 것이 좋다.

## 은어나 속어를 섞어서 말하는 습관

은어란 특정인들만 알 수 있는 앞뒤가 연결되지 않는 듯한 말투를 의미한다. 은어를 사용하면 대화가 좀 더 즐거울 수는 있지만 당신의 말을 이해시키는 데는 부정적으로 작용할 수 있다. 사적인 자리에서는 사용할 수 있겠지만 공적인 자리에서 은어를 사용하면 신뢰감을 약화시킨다.

## 과장된 표현으로 말하는 습관

항상 "무엇이 최고다"라는 식의 최상급 표현의 말투가 이런 언어습관이 된다. 과장된 표현도 잘 사용하면 자신이 말하고자 하는 바를 효과적으로 전달할 수 있지만 너무 자주 사용하면 효과가 반감된다. 게다가 지나치면 거부감까지 느끼게 한다.

또한 과장법을 많이 사용하면 듣는 사람은 의심과 불신을 갖게 된다. 어떤 사람이 모든 것이 다 완벽하다고 말한다면 그는 사람들로부터 신뢰받을 수 없다. 예를 들어 "매우, 최고, 믿을 수 없을 만큼…" 등의 표현을 자주 사용하면 진실성이 감소된다. 좋다면 그냥 좋다고 간결하게 말하도록 한다.

## 자기비하나 타인을 비하하는 습관

자신을 필요 이상으로 낮추는 자기비하는 때로 상대의 관심을 얻기 위한 것이기도 하다. "난 왜 이렇지?"라고 말하는 것은 "아니? 네가 뭘 어때서 그래?"라는 상대의 긍정적 반응을 유도하는 것일 수도 있다. 긍정적인 반응을 얻고 싶다면 직접적으로 말하면 된다. "나 오늘 예뻐?", "그래, 예뻐"와 같은 대화다.

타인을 비아냥거리는 것은 올바른 행동이 아니다. 비하하는 말은 말하는 사람이나 듣는 사람 모두를 망친다. 누군가를 부정적으로 단정 지음으로써 그 사람을 불쾌하게 한다. 그러므로 타인을 비하하는 말과 행동은 신중해야 한다.

## 지나친 겸손의 습관

"그저 운이 좋았어", "난 너처럼 똑똑하지 않아", "난 남들처럼 잘하지 못해"라는 등의 표현이다. 너무 지나친 겸손은 자신을 숨기려고 하거나 가식적이라고 생각하게 만든다. 실제로 부족한 부분이 있다 하더라도 너무 자주 사용하면 커뮤니케이션에 방해가 된다.

# 어려운 말은 예행연습을 한다

상대에게 하고 싶은 말을 직접 말하는 것은 중요하지만 하기 어려운 대화를 해야 할 때도 있다. 이럴 때는 불시에 말을 꺼내지 않도록 한다. 문제를 빨리 해결하고자 하는 마음이 간절히더라도 연습을 하고 나서 상대와 대화를 하는 것이 좋다. 마치 본방송을 하기 전에 반드시 리허설을 하는 것과 마찬가지다.

실제로 우리는 중요한 대화를 할 때 머릿속에서 할 말을 미리 준비하고 있다. 하지만 여기서 말하는 연습은 머릿속에서 그리는 것보다 훨씬 강력하고 효과적인 방법이다. 가령 집주인이 집세를 올려달라고 할 경우에 집세를 올리는 대신 벽지를 새로 해 달라고 말하는 것 같은 상황이다. 이럴 때 대비하는 방법이 몇 가지 있다.

- 하고 싶은 말을 대화 형식으로 써 본다. 이 때 상대가 할 것이라고 예상되는 말도 포함해 쓴다.
- 모든 질문과 반대 의견에 대비해 완벽한 답변을 준비해 둔다.
- 준비한 내용을 거울 앞에서 말한다. 이것을 실제로 해보는 것이 중요하다.
- 자연스럽고 편안하게 말할 수 있을 때까지 연습을 반복한다.
- 가능하다면 친한 친구한테 상황을 설명하고 상대역할을 부탁하면서 실제로 해 본다.

이 방법이 처음에는 어색하고 쑥스러울지 모르지만 연습할수록 자연스러운 대화 능력을 갖출 수 있다. 어떤 일이든 새로운 것을 배우기 위해서는 시간을 두고 연습하는 것이 가장 확실한 방법이다. 주의해야 할 것은 조급하게 서두르지 않고 천천히 연습하면서 자신이 확신을 갖는 것이다.

시간이 지나면서 더욱 긍정적이고 새로운 방법을 얻게 되고, 상대를 존중하면서 자신의 요구를 주장하는 대화 기술을 얻게 될 것이다. 자신에 대해서도 보다 긍정적으로 생각하게 되고, 인간관계도 보다 좋은 느낌을 갖게 된다. 그렇다고 해서 자신이 원하는 것을 상대한테 항상 얻을 수 있다는 것은 아니다.

최소한 필요한 말을 전달할 수 있을 때 당당하고 자신감을 가질 수 있다. 특히 상대와 갈등이 있다거나 대립하는 상황이라면 얘기하기 싫어서 피하지는 않는다. 이렇게 새로운 것을 시도하려면 약간의 용기가 필요하다. 용기를 내서 지금까지와는 다른 태도로 대화해 보기로 하자.

# 3
CHAPTER

## 인간관계의 갈등을
## 해결하기 위한 기술

갈등의 대부분은 사소한 말에서 시작되지만, 이것을 풀 수 있는 것 또한 한마디의 말에서 시작된다.

Assertive
Communication
Skill

# 부드럽지만 단호하게 말한다

인간관계에서 일어나는 갈등이나 문제를 해결하는 방법은 의외로 간단하다. 자신이 바라는 것을 말하고 상대의 권리도 인정하는 것이다. 이때 부드럽지만 단호하게 자기주장을 하는 것이 상대와의 갈등이나 문제를 쉽게 해결할 수 있는 방법이다.

예를 들어 직장에서 후배에게 부탁한 서류를 기한 내에 제출해 달라고 할 경우, 먼저 후배가 있는 자리로 가서 눈높이를 맞춰 앉는다.

**당신**　송수정 씨, 지금 얘기해도 될까?

**후배**　네, 무슨 일이에요?

(후배의 얼굴을 보면서 차분하게 말을 한다)

**당신** 일전에 말한 서류 있잖아, 아직 안 됐지?

**후배** 네…. 죄송한데… 아직이요.

**당신** 실은 그 서류 건인데, 상당히 중요한 서류거든. 그 서류가 완성되지 않으면 전체적인 업무 일정이 늦어져서 문제가 생길 수 있어.

**후배** 그렇게 중요한 거였어요?

**당신** 지금 진행하고 있는 업무 가운데 급하게 해야 할 일이 있나?

**후배** 지금은 지난주에 했던 행사를 정리하고 있어요.

**당신** 그렇구나. 나도 중간에 확인했더라면 좋았을 것을 그랬네. 그 서류는 이번주 내로 제출해야 되는데 할 수 있겠어?

**후배** 네, 알겠습니다. 이것부터 빨리 처리하겠습니다.

일방적으로 대화를 하는 것이 아니라, "내가 바라는 것은 이렇다"라고 말하면서 "당신은 어떤가"라고 상대의 상황을 확인하고 있다. 또한 일방적으로 당신이 나쁘다고 말하는 것이 아니라, 나도 중간에 확인했더라면 좋았을 것이라며 자신의 책임도 인정하고 있다.

이처럼 자신이 전달하고 싶은 것을 구체적이고 알기 쉽게 상대와 주고받으면서 대화하는 것이 중요하다.

또 다른 사례를 보도록 하자. 가게에서 물건을 사서 나가는 순간, 거스름돈이 부족하다는 것을 알았다. 그럴 경우에 우리가 취하는 행동은 크게 두 가지 유형이 있다.

첫 번째는 공격적으로 말하는 유형이다. 씩씩거리며 계산대로 가서 "거스름돈이 부족하잖아요. 확실하게 계산하세요!"라고 큰 소리로 외친다. 뿐만 아니라 계산하는 사람을 무시하는 듯한 말투로 똑바로 일하라고 큰소리치고, "이 가게는 서비스가 아주 형편없어!"라며 문이 부서져라 닫고 나간다. 이렇게 공격적으로 말하는 사람은 다른 사람을 무시하거나 상처 주는 말을 함부로 하는 경향이 있다. 문제는 이런 공격적인 행동이 거리낌 없이 받아들여지고 묵인되고 있다는 것이다.

두 번째는 수동적으로 대응하는 유형이다. 수동적인 사람은 '계산하는 사람한테 얘기하면 알려나? 아냐, 모를 거야'라며 거스름돈을 포기하고 그냥 집으로 돌아간다. 이렇게 쉽게 포기하는 자신을 정당화하기 위해 "별로 대단한 것도 아닌데…", "사소한 일로 힘 빼지 말자"고 자기를 합리화한다. 문제를 말하면 상대와 싸움이 되니까 웬만한 일은 대충 넘어가려고 말을 하지 않는 사람이다. 어떤 일이든지 상대를 우선시 하는 사람이라면 수동적인 행동을 하는 경향이 있다. 이런 사람은 주변 사람들이 이용해 먹기 십상이다.

실생활에서는 보기 드물지만, 가장 바람직하게 대화하는 유형은 자기주장, 즉 '어서티브(Assertive)'하게 말한다. 다시 말해 부드럽고 단호하게 말하는 사람이다. 이 사람은 계산대로 향해 "착오가 있는 거 같아요"라고 조용히 말한다. 이때 계산한 사람이 업무 처리가 미숙하다고 생각하지 않도록 부드러운 말투로 말한다. 그리고 영수증과 거스름돈을 보여주면서 전후 사정을 얘기한다.

우리는 보통 상대가 잘못했을 때 따지고 혼내주는 것을 당연하다고 생각한다. 잘못된 것을 바로잡는 것이 중요하다고 생각하면서 상대에게 상처 주는 말을 함부로 하고 있다. 가령 "이런 거 하나 제대로 못해요? 정신을 어디다 팔고 있어요?"하고 상처 주는 식이다. 부드럽지만 단호하게 말하는 사람은 상대의 권리를 존중하지만 강압적으로 말하지 않는다. 상대가 잘못한 일을 통해서 자신이 우월감을 느끼지 않고 차분하게 자신의 생각을 명확하게 말한다.

## 버스나 비행기에서 부드럽지만 단호하게 말한다

고속버스나 비행기에서 좌석을 뒤로 젖히는 상황을 보기로 하자. 버스나 비행기는 좌석을 뒤로 젖히는 문제 때문에 갈등이 있는데, 이런 상황에서 공격적인 사람은 뒷사람이 있든 없든 상관하지 않고 자신의 권리를 주장하면서 좌석을 뒤로 젖힌다. 그리고 수동적인 사람은 다른 사람을 우선적으로 생각하기 때문에 좌석을 뒤로 젖히지 않고 자신이 불편해도 참는다.

부드럽지만 단호하게 말하는 사람은 버스나 비행기 좌석을 뒤로 젖혀서 편하게 가게 되어 있는 점을 생각한다. 이것이 자신의 권리이지만 동시에 뒷사람도 쾌적한 공간을 확보할 권리가 있다고 생각한다. 그래서 의자를 뒤로 젖힐 때는 뒷사람에게 한마디 양해를 구한다. "저, 죄송하지만 의자를 뒤로 좀 젖힐게요" 하고 부드럽고 공손하게 말한다.

이 한마디가 중요한 이유는 상대를 인정하고 존중한다는 의미이기 때문이다. 이 상황에서 한마디 말을 하지 않으면 상대의 존재를 무시하는 것이나 마찬가지가 되기 때문이다.

'의자 하나 뒤로 젖히는 데 그렇게까지 말해야 하나?'라고 생각하는 사람도 있을 수 있다. 실제로 많은 사람들이 '내가 내 의자를 젖히는데 누구한테 허락받아야 돼?'라고 생각하고 아무 말 없이 의자를 뒤로 젖히곤 한다. 하지만 뒤에 앉아 있는 사람의 입장에서 생각해 보자. 아무 말 없이 의자가 갑자기 젖혀져서 공간이 좁아지게 되면 깜짝 놀라고 불쾌감을 느끼게 된다. 따라서 부드럽게 양해의 말을 전하는 것이 인간관계를 매끄럽게 하는 방법이다.

자리에 앉으려고 보니까 앞사람이 먼저 와 의자를 뒤로 젖히고 있어서 불편한 경우도 있다. 이런 상황에서는 "저기 미안한데요. 의자를 조금 앞으로 당겨주셨으면 합니다. 제 자리가 너무 좁아서요."하고 부드럽지만 분명하게 말한다. 이럴 때 '내 자리가 좁아서 얘기하는데 미안하다고 해야 할 필요가 있어?'하고 생각할 수도 있지만 이렇게 생각하면 태도가 퉁명스러워지기 십상이다. 그러면 상대도 불쾌하게 되고 서로 말싸움으로 번질 수도 있다. 이런 사태가 일어나지 않기 위해서도 "미안하다, 죄송하다"는 표현을 넣어주는 것이 보다 정중하고 예의 바른 대화가 된다.

## 엘리베이터에서 부드럽고 단호하게 말한다

사실 우리 사회는 공공장소에서 상대에게 한마디 양해를 구하는 데 상당히 인색한 편이다. 한번은 등산복을 입고 일행 대여섯 명이 함께 건물의 엘리베이터를 탄 적이 있다. 등산 배낭이나 스틱처럼 다른 사람한테 피해가 갈 수 있는 물건을 가지고 있어서 엘리베이터에 타면서 "죄송합니다"하고 말하면서 탔는데, 엘리베이터에서 내리고 난 다음에 일행 중 한 명이 "죄송하다는 말을 왜 하냐"고 핀잔을 주었다. 사과나 양해의 말을 하는 것이 상대에게 고개를 숙이고 들어가거나 약점을 잡히는 것이라고 생각하기에 이런 말이 나오는 것이다. 힘의 논리로만 생각하면 상대에게 약점을 잡히지 않기 위해 아무 말도 하지 않고 인색해진다.

개인적인 사정으로 스트레스를 굉장히 받은 상태라서 상대에게 양해의 말을 하기 어려운 감정 상태에 있다면 제3자한테 얘기하는 방법도 있다. 비행기나 철도와 같은 곳에는 승무원이 있을 것이고, 관광버스라면 가이드가 있다. 승무원이나 가이드에게 얘기해서 바로잡는 것도 상대와의 갈등을 피할 수 있는 좋은 방법이다.

# 상대가 부탁을 들어주도록
## 말하는 기술

하자가 있는 상품을 교환해 달라고 하거나, 물건이나 돈을 빌려 달라고 하거나, 직장에서 승진에 대한 요구를 하는 등 우리는 끊임없이 상대에게 무엇인가 요구하면서 살아간다. 상대한테 부탁하면 뭔가 없어 보이고 구차하다고 생각해 가급적 부탁을 안 하려고 하는 사람이 있는데, 부탁하고 요구하는 것은 인간의 기본적인 권리에 해당하는 것이다.

살다보면 누구나 어려운 상황에 처할 때가 있고, 그러면 다른 사람의 도움이 필요하다. 따라서 자신이 필요한 것을 상대에게 요구할 때는 자신감 있게 말하는 것이 좋다. 망설이고 주저하다 보면 횡설수설하게 되고 정작 중요한 말을 못하게 된다. 이런 관점에서도 자신 있게 말하는 것이 좋다.

한편, 원하는 것을 말하는 것이 권리라면 상대에게는 거절할 권리가 있다는 것일까? 물론 상대도 거절할 수 있고, 변명할 수도 있고, 반론을 할 수 있다. 이런 것들이 모두 상대방의 권리에 해당한다. 때문에 상대가 거절하거나 싫은 얼굴을 한다고 해서 쉽게 실망하거나 포기하지 않아야 한다. 중요한 것은 내 요구를 들어 줄 수 있도록 상대에 맞게 대화해야 한다는 것이다.

① 언제 부탁하는 것이 좋은가?

대화를 할 때는 부탁하는 말을 먼저 꺼내야 하고, 돌려서 말하거나 나중에 얘기하지 않아야 한다. 가령 "오늘 ○○○건에 대해 부탁하고 싶은데…"라는 식으로 무엇을 원하는지를 구체적으로 얘기한다. 우리말은 결론이 나중에 나오게 되어 있어서 중요한 얘기도 나중에 해야 한다고 믿는 사람이 많은데, 상대에게 말하고 싶은 용건은 앞에서 꺼내는 것이다. 그래야 얘기가 다른 방향으로 벗어나지 않고, 상대가 귀를 기울이게 된다.

② 반복해서 말한다

상대에게 요구나 부탁을 몇 번이고 반복해서 얘기하는 것도 중요하다. 그러면 얘기의 흐름이 상대에게 유리하게 흐르지 않게 할 수 있고, 반복해서 말하니까 대화의 목적도 명확해진다.

이것을 '고장 난 녹음기 기법'이라고도 한다. 고장 난 녹음기처럼 반복해서 말한다는 의미이다. 상대가 부탁을 들어줄 때까지 몇 번이든 반복해서 말하면 대부분 성공한다. 예를 들어 돈을 빌려달라고 부탁했을 때, 처음 한두 번은 거절해도, 계속 부탁하면 빌려주는 경우가 이에 해당한다.

### ③ 부탁할 때 사용해서는 안 되는 말

부탁이나 요구를 하는 상황에서는 상대가 나를 신뢰하지 못하는 말을 하거나, 내 말의 가치를 떨어뜨리는 말들이 있다.

"제가 틀릴 수도 있지만…."

"여기서 통할 수 있을지 모르겠습니다만…."

"이 생각이 괜찮은지 저도 확신할 수는 없지만…."

"저도 잘 모르지만, 제가 잘못 이해했는지 모르지만, 좀 바보 같은 생각이지만, 제가 전문가는 아니지만…."

"어쩌면 잘 안될 수 있지만…" 등 이런 말은 하지 않는 것이 좋다.

### ④ 작은 것을 부탁하고 난 다음 큰 것을 부탁한다

처음부터 큰 요구사항을 들이대면 바로 거절당하기 쉽다. 이럴 때는 상대가 들어주기 쉬운 작은 부탁을 하고 난 다음에 큰 요구사항을 말한다.

가령 직장에서 동료직원에게 야근을 부탁하려고 할 때, "30분 정도면 되는데 남아서 이 일 좀 해줄 수 있겠어?"하고 부탁하면 대부분 받아들여 준다. 이렇게 승낙하고 나서 15분 정도 지난 후 "이거 다 하려면 2시간 정도 걸리겠는데…. 이왕 시작한 거 끝까지 할 수 있겠어?"라고 말하면 대부분 끝까지 하겠다고 한다. 이것은 동료가 야근을 부탁해서가 아니라, 자신이 돕겠다고 한 말에 책임지기 위함이다.

영업사원이 만나기 어려운 고객에게 전화해서 "3분이면 됩니다"하고 말하면 대부분 만나준다. 실제 만나서 대화가 30분이나 1시간으로 길어져도 별로 신경을 쓰지 않는데 이것도 '작은 부탁을 하고 난 다음 큰 부탁을 하는 기술'이다.

### ⑤ 먼저 'No'를 말하게 만들고 난 다음에 진짜를 부탁한다

그다지 친하지 않은 친구가 갑자기 "백만 원이 필요한데 빌려줄 수 있어?"라고 말하면 단칼에 거절했던 사람도 하루나 이틀 정도 지나서 "그럼 10만 원만 빌려 줄래?"하고 말하면 대부분은 빌려준다. 이 기법은 상대가 거절하면 미안함을 느껴서 다음에는 상대의 부탁을 들어주는 심리를 활용하는 것이다.

일반적으로 여성들이 연인이나 배우자에게 이 방법을 잘 활용하고 있다. 먼저 비싼 명품 가방을 보면서 "아, 예쁘네. 갖고 싶다"

하고 말하고 난 다음에 비교적 싼 가격의 가방을 보면서 "이게 더 예쁘네"하고 말하면 가방을 손에 넣을 확률이 높아지는 것이다.

### ⑥ 감정에 호소한다

어지간해서 부탁을 받아들이지 않는 어려운 상대에게는 감정에 호소한다. 보통 선거전에서 많이 볼 수 있는데 후보자가 "여러분의 힘이 필요합니다", "고전하고 있습니다. 도와주세요"라고 말하면서 돌아다니는 것도 유권자의 감정에 호소하는 행동이다.

심리적인 관점에서 보면 감정에 호소하는 기법은 상당히 효과가 있다. 감정이 자극받으면 아무리 까다로운 상대도 간단히 넘어오게 되어 있다. 그래서 까다로운 협상에서 상대를 설득하는 수단으로 감정에 호소하는 기법을 많이 사용하고 있다.

### ⑦ 긍정적인 말로 마무리한다

대화는 긍정적인 말로 끝맺음한다. 대화의 성과가 미미할지라도 상대와 좋은 관계를 유지하는 것이 중요하다. 그래야 다음 기회를 기약할 수 있기 때문이다.

상대가 만족스런 대답을 하지 않더라도 "얘기를 들어주셔서 감사합니다"라고 말하고, 상대를 존중하면서 대화를 마무리한다.

# 상대의 말을
# 잘 듣고 경청한다

자신이 말할 때는 상대가 말을 잘 들어주길 바라면서도, 정작 자신은 귀 기울여 듣지 않는 사람이 있다. 인간관계를 잘하는 사람은 상대에게 관심을 갖고 경청하는 사람이다. 어떤 주제로 대화하든지 관심을 갖고 말할 때와 들어야 할 때를 아는 것이 대화의 기술이다.

### ① 맞장구를 치면서 듣는다

남의 말을 잘 들으려면 자신이 말하는 것보다 더 많은 에너지가 필요하다. 그래서인지 팔짱을 끼고 눈을 지그시 감고 조용히 듣고 있는 모습도 볼 수 있는데, 특히 나이가 많은 사람들이 이런 모습으로 듣는 경우가 많다. 이러면 말하는 사람이 얘기하기 어렵다.

듣는다는 것은 적극적인 자세이다. '팔짱을 끼고 가만히 듣고 있는 수동적인 자세'가 아니다. 상대의 말에 따라 표정을 바꾸거나, 맞장구를 치면서 들어주는 적극적인 행동인데, 아무 말도 하지 않고 표정도 없이 팔장 끼고 듣고 있으면 말하는 사람은 대화를 이어가기가 어렵다.

어떻게 듣는가의 태도는 말하는 사람한테도 영향을 준다. 어떻게 들어주느냐에 따라서 말하는 사람도 달라진다. 들어주는 사람이 적극적으로 들어주면 말하는 사람도 신이 나고 더욱 자신감을 갖는다.

그렇다면 중요한 경청의 기술에는 무엇이 있을까? 상대의 시선을 보면서 적절하게 대답을 하거나 반응을 하는 것이 중요하다. "아, 네"라고 말하거나, "그렇군요", "알겠습니다"와 같이 맞장구를 쳐주는 것이다.

상대의 얘기가 재미없다고 느껴진다면 상대를 나무랄 것이 아니라 자신의 듣는 능력이 부족한 것은 아닌지 생각해 보자.

### ② 핵심을 파악하면서 듣는다

얘기의 핵심을 파악하려는 목적의식을 가지면 대화가 더욱 재미있다. 일상생활에서는 얘기할 것을 머릿속에서 정리하고 대화하지 않는다. 말하는 사람은 상황이나 기억이 정리되지 않은 채로 얘기하는 경우가 대부분이다. 그럴 때는 "그러니까, 지금 이런 얘기인 거죠"라고 말하거나 혹은 "말씀하신 것이…, 그것을 알았다는 말씀이네요"하고 상대가 말한 내용을 요약하면서 듣는다.

### ③ 상대의 감정에 공감하면서 듣는다

말하는 사람의 감정에 주목하고 감정을 요약하거나, 확인하면서 듣는 것도 중요하다. 그렇다면 감정을 알아줬으면 할 때에는 어떻게 대응하는 것이 좋을까?

가령 친구랑 싸웠다는 얘기를 하는 사람은 어떻게 싸웠다는 사실을 얘기하고 싶은 것이 아니라, 자신이 화가 났다거나 속상한 것을 알아주었으면 하는 바람으로 얘기하는 경우가 있다. 즉 싸웠다는 얘기를 통해서 자신의 분노나 슬픔을 얘기하려는 것이다.

이런 경우 말을 듣는 사람은 그대로 반복해서 말해 주는 것이 좋다. 상대가 "그래서 화가 났거든"하고 말하면 "그렇구나, 그래서 화가 났구나"하고 맞장구쳐서 상대의 감정에 공감하는 말이나 태도를 보여준다.

### ④ 상대의 말을 끝까지 듣는다

직장에서 부하의 얘기를 듣고 있던 상사가 "그건 자네가 잘 모르는 소리야"라고 말하면서 "그때 나도 그 자리에 있어서 잘 아는

데 중요한 건 그게 아니야"라고 부하의 얘기를 중간에 가로채는 경우가 있다. 이것은 절대 삼가야 할 행동이다.

상사 입장에서는 부하가 잘못 생각하고 있다고 판단해 이를 바로잡고 싶겠지만 일단 얘기가 끝나고 나서 잘못을 수정하는 것이 좋다. 또 대화하다가 좋은 아이디어가 떠올랐다거나, 말하는 사람이 너무 길게 얘기해서 중지시키고 싶을 때는 "얘기하는 도중에 미안하지만, 잠깐 내가 얘기를 하고 싶은데"하고 일단 상대한테 양해의 말을 전하고 얘기하는 것이 좋다.

"아, 알았으니까 이제 그만."

"시간이 없으니까 이쯤에서 끝내자."

"아까 들은 얘기 같은데…."

"변명을 듣자는 것이 아니야."

상사의 이런 말은 상대의 말을 중간에 가로막고 부하직원에게 상처를 주기 쉽다.

⑤ 들을 때는 보디랭귀지도 주의한다

평가하는 자리에서 대부분의 상사는 등을 꼿꼿이 세우고 팔짱을 끼고 턱을 들고 쳐다보고 있는데 이런 자세에서는 부하직원이 편안하게 하고 싶은 말을 할 수 없다. 상대의 얘기를 들을 때 이런 보디랭귀지도 주의하기로 한다.

앞에 있는 사람이 팔짱을 끼고 내려다보고 있으면 말하는 사람은 아무래도 신경이 쓰인다. 앞서 말한 것처럼 팔짱을 끼는 태도는 상대에 대한 방어나 거부하는 뜻으로 비춰진다. 팔짱을 끼는 사람이 본인은 그럴 의도가 없다고 해도 말하는 사람의 입장에서는 말하기 어려운 분위기를 만들어 버린다.

또 모니터나 화면을 보면서 상대의 얘기를 듣는 것도 금물이다. 무표정으로 다리를 떤다든지, 턱을 치켜들고 내려보거나 하는 표정이나 자세도 좋지 않다.

# 적을 만들지 않는
# 대화 기술

대부분의 사람들은 대화 속에서 상대의 말을 수용하든가 혹은 거부하든가 둘 중의 하나만을 선택하려고 한다. 상대의 얘기를 받아들이면 자신의 의견을 버려야 한다고 생각하지만, 이처럼 어느 한 가지만을 선택하는 것이 아니라 둘 다 수용하는 방법이 있다. 바로 '그리고 대화법'이다.

가령 "창문을 열고 자는 것과 창문을 닫고 자는 것 중 어느 쪽이 올바른 습관인가?"란 질문을 했다고 하자. 상대의 의견을 수용하기 위해서는 창문을 열고 자는 것이 옳다, '그리고' 닫고 자는 것 역시 옳다.

양쪽 모두 수용하라는 얘기는 기회주의라고 생각할 수도 있다. 여기에서 중요한 포인트는 대화가 말싸움이 되지 않도록 한다는 것이다. 적대감이나 갈등을 부추기지 않도록 말하기 위해서 '그리고'라고 하면서 상대의 말을 수용하는 것이다.

반면 상대를 적으로 만드는 대화로는 '하지만 대화법'이 있다.

"옳은 말씀입니다. 하지만 저한테는 안 맞아요."

"아주 좋은 얘기인데요. 하지만 제 입장은 다릅니다."

"문서는 아주 잘 만들었는데…. 하지만 시간이 너무 걸렸어."

이처럼 '하지만'을 사용해서 상대의 얘기를 부정하고, 거절한다.

'그리고 대화법'은 자신의 맘에 안 드는 점이 있어도 "문서를 아주 잘 만들었어. '그리고'(덧붙여서, 다음은) 이런 점도 추가해 주면 훌륭한 문서가 되겠는데", "그 아이디어는 정말 좋아요. 다음은 비용적인 면을 해결하면 되겠네"와 같이 긍정과 부정을 모두 수용하는 대화가 된다.

'하지만 대화법'은 '하지만' 앞에 나온 말을 부정하거나, 상대방이 말한 내용을 비난하는 것으로 만들거나, 중요하지 않게 만든다. 여기서 중요한 것은 '하지만' 다음에 나오는 말이다. 가령 "옳은 말씀입니다. 하지만 그게 그렇게 간단하지 않습니다"라고 하면 실은 "당신은 잘못 생각하고 있어요"라는 뜻이 되는 것이다.

부부싸움을 할 때도 '하지만'을 써서 서로를 공격한다. 가령 애완동물을 기르고 싶어 하는 부인과 애완동물을 싫어하는 남편이 다툴 때 아내는 "당신이 개를 싫어한다는 것은 나도 알아요. 하지만 난 개를 좋아한다고요". 남편 역시 "당신 얘기는 신물 나게 들었어. 하지만 안 돼"라며 '하지만'을 사용해서 서로를 공격하며 대화한다.

이처럼 '하지만'은 상대의 잘못을 찾아내 갈등을 깊게 하는 데 반해 '그리고'는 상대의 의견을 인정하고 존중한다. '그리고'는 누가 옳고 틀렸는가를 대화의 초점으로 두는 것이 아니라, 자신의 생각과 느낌이 중요하다는 것을 전제로 하면서도 가급적 상대를 이해하려는 노력을 보여준다.

## 자신이 옳고 상대가 잘못된 경우

자신이 옳다고 생각하면 이것을 상대에게 설득시켜려 하는 사람이 있다. 능력 있다는 소리를 들을 수도 있겠지만 이런 사람은 필연적으로 적을 만들게 된다.

자신이 옳다고 믿으면 상대의 말에 관심을 가지기 어렵다. 자신의 말은 다른 사람의 말과 다르기 때문에 결국 자신의 얘기만 옳다고 믿는 것이다. 이런 생각이 인간관계의 갈등이나 문제를 만드는 근본 원인이다.

그런데 정말 내가 옳고 상대가 잘못된 경우가 있다. 가령 미성

년자 아들이 흡연하는 문제에 대해 흡연은 건강에 좋지 않으니 빨리 끊으라고 하는 것은 두말할 것 없이 옳은 말이다. 이럴 때 아들과는 어떻게 대화해야 할까?

이런 경우 진짜 중요한 문제는 흡연이 건강에 좋다, 나쁘다가 아니라 아들의 흡연을 아버지로서 어떻게 느끼고 있는가이다. 아들이 흡연 때문에 몹쓸 병에라도 걸리지 않을까 걱정하는 마음이 중요한 문제이고, 아버지로서 아들의 흡연을 끊게 할 수 없다는 데 대한 무력감과 분노가 중요한 문제다.

아들의 입장에서는 어른이 되고 싶고 부모의 간섭으로부터 벗어나고 싶어 하는 심리가 진짜 문제다. 때문에 이런 경우는 단순히 흡연이 건강에 나쁘다는 것을 떠나 쌍방이 인식하고 있는 가장 중요한 문제를 가지고 대화해야 한다.

## 상대를 이해하면 자기주장이 약화되는가?

상대의 말을 이해하면 내 주장이 약화될 수 있다는 관점도 있다. 하지만 상대를 이해한다고 해서 자신의 생각을 버릴 필요는 없다. 알코올 중독자가 된 애인하고 헤어지기로 마음먹었는데 애인이 왜 알콜 중독자가 되었는지 이해한다고 해서 계속 관계를 유지할 수는 없는 노릇이다.

이런 경우에는 '그리고 대화법'으로 헤어지려는 이유를 상세하게 얘기하는 것이 좋다. 가령 "난 당신하고 헤어지는 것이 옳다고 생각하기 때문에 이제 관계를 끊으려고 해. 그리고 당신이 얼마나 속상한지 충분히 알고 있어. 그리고 내 마음은 바뀌지 않을 거야"와 같은 식이다.

그리고 대화법은 상대의 생각과 감정에 상처 주지 않으면서 자기주장을 하는 것이다. 지금까지 미처 의식하지 못한 사이에 상대의 주장을 거부하고 자기 의견만 내세웠던 것은 아닌지 생각해 보자.

ASSERTIVE COMMUNICATION SKILL 05

# 상대와 싸운 뒤에 효과적으로 사과한다

우리는 누구나 말실수나 말다툼을 하며 살아가지만 과거의 아버지들은 사과하는 방법을 배우지 못하고 살아왔다. 사과하고 잘못을 인정하는 것은 수치라고 생각했기 때문이다. 권위의식이 강한 사람일수록 자신의 잘못을 인정하지 않는다. 하지만 잘못을 저지르는 것보다 더욱 나쁜 것은 알면서도 잘못을 고치지 않는 것이다.

자신의 잘못을 반성하는 태도를 보여주면 상대에게 신뢰감을 줄 수 있는데, 여기에서 중요한 것은 어떻게 사과하는가이다. 사과할 때는 겉치레가 아니라 진심이 느껴지게 말하는 것이 중요하다. "미안합니다. 하지만…"처럼 변명의 말은 하지 않도록 하고, 웃는 얼굴이 아니라 진지한 표정과 성의 있는 태도로 말하는 것이 좋다.

## 인간관계에서는 먼저 사과한다

공적인 영역에서는 잘잘못을 명확히 하고 책임소재를 따지는 것도 중요하지만, 주변 사람들과 말다툼을 했을 때는 잘잘못을 따지기보다 먼저 사과하는 것이 좋다.

자신이 잘못한 게 아니라 상대가 잘못했다고 사과하지 않는 사람도 있지만, 인간관계에서는 먼저 사과하는 사람이 상대를 배려하는 사람이 된다. 잘잘못을 떠나서 상대의 마음을 상하게 한 것에 대해 사과하자. 이런 마음이 인간관계를 잘하는 비결이다.

## 상대의 말을 듣고 나서 사과한다

하지만 무작정 사과부터 할 것이 아니라 먼저 상대의 말을 잘 듣고 난 후 사과를 하는 것이 좋다. 상대가 왜 화가 났는지, 그리고 어떤 점이 불만인지 등 상대가 먼저 말을 하게 한 후 그 말을 귀담아 들어야 한다. 이런 대화를 통해 상대방의 화가 풀리는 효과도 기대할 수 있고, 본인의 행동이 어떻게 잘못되었고 어떤 점에 대하여 사과해야 하는지도 알 수 있다. 특히 부부나 연인관계에서는 자신의 어떤 점 때문에 상대가 화가 났는지 자세히 알고 사과하는 태도가 중요하다.

### 사과의 말은 얼굴을 보고 하라

요즘은 SNS로 대화를 많이 하지만, 사과할 때는 가급적 얼굴을 마주 보면서 하는 것이 효과적이다. 부부, 가족, 연인, 친구 등 사적인 관계라면 메일이나 SNS를 통해 "미안해. 내가 잘못했어"라고 말해도 좋겠지만, 직장에서 일어난 일이라면 직접 만나서 사과하는 것이 좋다. 업무적인 문제로 감정이 상해 있을 때 메일이나 메시지를 통해서 사과를 하게 되면 진심을 충분히 전달할 수 없고, 오히려 오해를 더 키울 수 있다.

말다툼 후 직접 만나는 것이 어색하다고 생각하는 사람도 있겠지만 그럴수록 직접 마주 본 상태에서 이야기하는 것이 좀 더 자연스러운 분위기를 만들어서 화해하는 데에도 도움이 된다.

### 가급적 빠른 타이밍이 좋다

상대와 말싸움을 해서 감정이 상했다면, 감정을 가라앉히고 난 다음 가급적 빠른 시간 안에 사과하는 것이 좋다. 타이밍을 놓치면 무책임하다거나 반성하지 않는다는 이미지를 줄 수 있기 때문이다.

가령 직장에서 부하직원의 잘못으로 윗선에 보고가 늦어져 사과해야 할 일이 생겼다면 어떻게 하는 것이 좋을까? 중간 관리자들이 대표로 윗선에 사과를 할 때에는 부하들의 사기를 꺾지 않게 사과하는 것이 중요한 포인트이다. 현장 사람들이 열심히 일하고 있다는 것을 강조하고, 같은 실수를 하지 않도록 전원이 노력하겠다는 말을 분명히 전달한다.

실수의 책임은 관리자인 자신의 잘못이라고 시인한다. 혹 있을 수 있는 비판이 두려워 본인은 몰랐다고 하거나 공개적인 자리에서 잘못을 부하직원에게 돌리지 않도록 한다. 이런 태도는 조직원들의 사기를 떨어뜨리고, 위로는 책임추궁을 당해 관리자로서 자신의 위치를 악화시키게 된다.

## 판에 박힌 사과를 하지 않는다

부부나 연인처럼 친밀한 관계에서는 판에 박힌 사과의 말은 하지 않는다. 오히려 역효과가 나기 때문이다. 가령 남편이 아내한테 "내가 어제 당신 때문에 밖에서 얼마나 기다렸는지 알아?"라고 말하고, 아내는 "네, 네, 알았어요. 내가 잘못했어요. 미안해요"하는 식이다.

이런 판에 박힌 말은 '내가 잘못한 것으로 해 준다'라는 뉘앙스가 담겨 있어 상대는 무시당했다고 느끼고 오히려 큰 싸움으로 발전할 수 있다. 특히 "네, 네, 알았어요. 알았어"와 같은 상투적인 말은 상대의 말을 받아들이는 척하면서 사실을 "더 이상 말하지 마!"하고 상대의 말을 차단하는 것이다. 상대가 무시당했다고 느낄 수밖에 없으므로 주의해야 한다.

상대를 만나기가 어렵다거나 멀리 떨어져 있을 때는 전화로 사과의 말을 하게 되는데 전화로 사과할 때는 가급적 조용한 장소에서 전화한다. 도로변이나 시끄러운 카페처럼 혼잡한 장소에서는 상대방이 당신의 진심을 온전하게 느끼기 어렵다. 특히 전화로 사과할 때에는 말이 빨라지면 상대가 초조해지기 쉬우므로 가능한 천천히 말하도록 한다.

# 상대의 마음을 열게 하는
# 질문 기술

'주변 사람하고 대화하는데 굳이 질문 기술까지 필요한가?'라고 생각할지도 모르겠다. 그러나 마음속 깊은 곳에 담겨 있는 이야기를 꺼내는 데에는 또 다른 대화의 기술이 필요하다. 특히 부부나 부모자식관계에서 대화를 시도하다가 싸움으로 변하는 경우가 많다. 평범한 대화가 싸움으로 끝나지 않기 위해서는 어떻게 질문하는가가 상당히 중요하다. 대화를 시작할 때는 상대가 대답하기 편한 질문을 하고, 상대가 자신감을 갖는 부분에 질문해서 기분 좋게 대화하는 것이 바람직하다.

## 마음을 여는 질문을 한다

상대에게 새로운 정보를 얻기 위해 혹은 문제의 해결을 위해 질문을 할 때는 먼저 마음의 문을 열어야 한다. 예를 들어 직장에서 부하직원이 지각을 했을 때 "당신은 왜 항상 지각이야?"라고 하면 상대방은 방어적이 되고 아예 대답을 하지 않을 수도 있다. 하지만 "사람들이 지각을 할 때는 그럴 만한 이유가 있겠지. 자네가 오늘 지각한 것도 그만한 이유가 있었을 거라고 생각해. 그래서 말인데, 뭔가 문제가 있다면 내가 도와 줄 수 있는 방법이 없을까?"라고 얘기하면 지각할 수밖에 없었던 진짜 이유를 꺼내놓을 것이다.

공격적인 질문이 아니라, 상대가 존중받고 있다고 느낄 수 있어야 한다.

## 폐쇄형에서 개방형으로

좋은 질문은 'Yes'나 'No'로 대답할 수 있는 것이 아니어야 한다. 질문은 상대가 많은 얘기를 할 수 있도록 해야 하는데 'Yes'나 'No'로 대답하는 질문은 단답형이기 때문에 속 깊은 대화로 이어지기 어려운데다 자칫 심문당하는 듯한 느낌을 줄 수도 있다.

가령 처음 만나는 사람한테 "어디에 사세요?"하고 물으면 "여의도요"라고 대답이 끝나고, "무슨 일을 하세요?"라고 물으면 "직장에 다니고 있어요"라는 식으로 단답형 대화가 되고 만다. 이런 질문을 '폐쇄형 질문'이라고도 하는데, 폐쇄형 질문은 상대한테 무엇을 확인할 때 사용하는 것으로 일반적인 대화에는 적합하지 않다. 진지한 대화를 위해서는 개방적인 질문, 예를 들어 "어떻게 해서 여의도에 살게 됐어요?" 또는 "지금 하고 있는 일을 어떻게 생각하세요?"라고 묻는 것이 좋다.

개방적으로 질문한다는 것은 좀 더 구체적으로 묻는다는 뜻이기도 하다. 상대에게 "당신은 지금 하고 있는 일을 좋아합니까?"라고 질문하면 '좋다' 아니면 '싫다'와 같이 단답형 대답이 나오기 쉽지만 "지금 하는 일에 대해 어떻게 생각합니까?"라고 질문하면 자신의 생각을 여러 가지 관점에서 대답할 수 있기 때문에 보다 개방적이면서 구체적인 질문이 된다.

이렇게 질문을 하면 대답하는 사람이 자신의 생각과 감정을 자연스럽게 얘기할 수 있기 때문에 보다 심도 깊은 대화가 가능하다. 다만 상대가 많은 말을 할 수 있도록 한다고 해서 연봉이 얼마인가, 몇 평짜리 아파트에 사느냐와 같은 지나치게 개인적인 질문은 하지 않도록 한다. 상대를 탐색하고 추궁하는 질문이 되기 때문이다. 혹시 사생활에 관한 질문을 하고자 한다면 자신의 의도를 충분히 얘기하고 나서 질문하는 것이 예의이며, 질문 받은 사람 입장에서는 사생활 관련한 질문에는 답하지 않더라도 비난받을 하등의 이유가 없다.

## 상대가 변명할 수 있는 질문을 한다

질문에 답하는 상대가 진실을 얘기하고 있는지 아닌지 확인하는 것도 중요하다. 상대의 말을 주의 깊게 들으면 그 말이 진실인지 아닌지 대략 파악할 수 있다.

대부분의 사람들은 거짓말을 하기보다는 대답을 회피하는 경향이 있다. 가령 딸이 아무 말 없이 노트북을 빌려가서 잃어버렸다고 하자. "네가 내 노트북 잃어 버렸니?"라고 직접적으로 물어보면 딸은 거짓말을 하기 쉽다. 그러나 "혹시 내 노트북 못 봤니?" 하고 물어보면 "몰라. 엄마방에서 봤는데 그 후로는 못봤어"와 같이 말한다. 노트북이 없어진 것과 딸 아이와 어떤 관계가 있다는 것을 알 수 있는 말이다. 그러면 딸에게 변명할 수 있는 질문, 예를 들어 "그 노트북은 최신형이라서 디자인이 무척이나 예쁜데…. 혹시 네가 학교에 잠깐 가져간 것은 아니니?"하고 변명할 수 있는 질문을 하면 솔직한 답변을 기대할 수도 있을 것이다.

## '왜'라는 질문의 두 가지 의미

우리가 자주 사용하는 "왜?"라는 질문은 두 가지 의미로 나뉜다. 하나는 순수하게 '목적이나 이유, 동기' 등을 묻는 것이고 다른 하나는 상대를 비난하는 것이다. "왜 그렇게 지각을 해?", "왜 전화하지 않았어?"와 같은 경우가 후자의 예이다.

왜를 질문으로 사용할 때는 상대가 비난이나 공격의 의미로 받아들이지 않도록 주의해서 사용한다. 직장에서의 비즈니스 대화는 일반적으로 결론을 먼저 말한 다음 "왜?"라는 이유를 얘기하지만, 일상 대화의 경우에는 결론보다 "왜?"라는 이유가 더 중요하다. 일상대화에서 지나치게 논리를 따지면서 대화하거나 반드시 결론이 있는 화제만을 얘기하지 않도록 한다.

## 긍정적인 질문과 부정적인 질문을 구분해서 사용한다

질문에는 긍정적인 질문과 부정적인 질문이 있다. 가령 일이 잘 되지 않을 때 "왜 일이 잘 풀리지 않는가? 도대체 문제가 뭐지?", "왜 매출이 오르지 않을까?"라는 식으로 부정적인 질문을 하는 사람들이 많다. 이 질문을 긍정적으로 바꾸면 "어떻게 해야 일이 잘 될 것인가?", "무엇을 해야 확실하게 될 수 있을까?", "어떻게 하면 매출을 올릴 수 있을까?"라는 긍정적인 질문이 된다.

우리 뇌에는 긍정적인 사고회로와 부정적인 사고회로가 존재한다. 긍정적인 질문은 긍정적인 사고회로를 가동시켜 '자신감, 할 수 있다'와 같은 생각을 만들어 낸다. 반면 부정적인 질문을 하게 되면 우리의 의식 역시 부정적으로 바뀌고 불안감, 초조감을 느끼게 된다. 긍정적인 질문이 필요한 이유가 바로 여기에 있다.

상대가 억지로 동의하게끔 만드는 질문 역시 좋지 않다. 가령 "내가 지금 말한 것이 옳다고 생각하지 않으세요?" 또는 "이 물건을 사용하면 더욱 행복해진다고 생각하지 않으세요?"와 같이 지나치게 동의를 강요하는 질문은 하지 않도록 한다.

# 말하기 어려운
# 관계를 바꾼다

 상대와의 관계에서 분노나 실망감이 쌓여있다거나, 평소 대화가 안 통하는 사람과 대화를 시도했다가 상처만 안겨주는 경우도 있다. 상대에게 감정적으로 무언가 쌓여있어 관계가 고정화되어 있는 경우다.

 고정화된 관계에서는 정상적인 대화가 쉽지 않다. 어느 한쪽은 강압적 혹은 공격적이 되고 다른 한쪽은 수동적인 관계가 형성되기 때문이다. 상사 앞에서 제대로 말을 하지 못하자 상사는 이를 꾸짖고, 때문에 주눅이 들어 더욱 말을 하지 못하는 경우와도 같다. 남편에게 아이들 문제로 얘기할 것이 있으니 퇴근하면 곧바로 집에 들어오라고 하고 싶은데 말이 잘 안 나온다면 수평적인 관계라고 할 수 없다. 이럴 때에는 "큰 애가 오늘 이런 말을 하던데"와 같이 남편이 공감할 수 있는 문제로 대화를 시작하는 것이 좋다.

난처하다고 생각하면 말이 안 나오거나 말을 꺼내더라도 결국 말싸움이 되고 마는 상대, 그래서 결국은 커뮤니케이션을 포기해 버리는 상대는 고정화된 관계다. 인간관계가 이런 식으로 어떤 패턴에 고정화하면 자신과 상대방 모두 정해진 행동만 반복하고 자신의 기분을 솔직하게 전할 수 없게 된다. 상대를 탓할 수도 없고 자신 역시 어떻게 하지 못하게 되어 관계는 점점 나빠져가는 악순환에 빠지는 것이다.

상하관계 혹은 처한 상황 때문에 대등한 대화가 어려운 관계가 있다. 예들 들어 다음과 같은 관계에서는 자기주장을 강하게 하기가 쉽지 않다.

- 직장에서의 상하관계(상사나 부하, 선배와 후배, 정사원과 계약사원 혹은 아르바이트 사원)
- 역할의 상하관계(부모와 자식, 선생과 학생, 의사와 환자, 리더와 팔로워 등)
- 사회적 통념에 따른 상하관계(나이가 많고 적은 관계, 경험의 유무, 남성과 여성 등)
- 소유의 차이에 따른 상하관계(물건이나 정보, 지식을 가진 사람과 가지지 않은 사람 등)

## 입장의 차이를 어떻게 극복할 것인가

입장 차이가 명확하거나 상하가 명확한 관계에서는 대화를 아예 포기하는 경우가 있다.

"저 사람은 권위적이니까 얘기해도 소용없어."

"우리 팀장은 남의 얘기를 안 듣는 사람이라서 얘기해봤자 시간 낭비야."

"저 사람은 잘난 척을 너무 해. 아무리 얘기해도 변하지 않아."

입장이나 역할의 차이가 서로의 이해를 가로막는 요인이 되기도 한다. 하지만 항상 그렇다고 할 수 없다. 역할이나 입장의 차이 때문에 상하관계가 변하지 않는 것처럼 보여도 자신이 할 수 있는 것은 있다. 입장이 다른 상대와 갈등하고, 힘으로 누르고, 차이를 인정시키려고 설득해도 상대는 결코 변하지 않는다. 초점이 상대에 향해 있는 한 상대의 마음은 더욱 방어적이 된다.

이럴 때 어떻게 하면 좋을까? 방법은 초점을 자신에게 맞추는 것이다. 대립하는 상황을 바꾸기 위해서 자신은 무엇을 바꿀 수 있는가를 생각해 보는 것이다. 상대를 바꾸려는 것이 아니라 자신이 무엇을 바꿀지 고민해야 한다. 사례를 들어 보자.

회사원 송진우 씨는 부장과의 관계로 고민하고 있다. 자신이 제출한 서류나 보고서에 매번 비판적인 의견을 내놓기 때문이다.

"이렇게 하면 안 된다고 했지?"

"내용을 이렇게 적으면 안 돼. 전에 말한 내용을 넣지 않아서 이대로는 통과할 수 없다고!"

송진우 씨는 고개를 숙이며 "죄송합니다…"라고 기어들어가는 목소리로 대답하지만, 부장에 대한 불만은 커져만 갔다. 부장의 비판에 적절히 대응하기 위해 스피치 교육도 들어보고 열심히 연습도 해보았지만 실제 부장 앞에만 서면 제대로 말할 수 없었다. 조금이라도 부장에게 반론을 펴려고 하면 그는 더욱 강한 비판을 쏟아냈다.

이런 상태에서는 아무것도 변하지 않는다. 그는 결국 부장을 바꾸려고 하지 말고 자신을 바꿔보는 것으로 생각을 바꾸었다. 부장에게 비판을 받으면 고개를 숙이고 작은 목소리로 변명만 하던 것을 바꾸기로 한 것이다. 머리를 숙이는 대신 부장의 얼굴을 똑바로 바라보며 "네, 알겠습니다. 해 보겠습니다"라고 당당하고 확실하게 말하려고 노력했다. 보잘 것 없어 보이는 작은 시도였지만 그 변화는 놀라웠다. 지금까지는 부장 앞에만 가면 위축되고 두려웠지만, 고개를 들고 당당하게 말하면서 이런 기분이 사라졌다.

"여~, 진우 씨, 요새 보기 좋던데? 그렇게만 하라고."

몇 개월 후 복도에서 만난 부장이 송진우 씨의 어깨를 두드리며 건넨 말이었다.

상대가 대등한 관계가 아닌 경우임에도 굳이 동등한 위치에서 대치하려 하는 사람이 있다. 하지만 정작 싸워야 할 상대는 상사가 아니라 자신일 수도 있다.

중요한 것은 상대를 두려워하지 않는 것이다. 사회적 지위나 나이, 직급 등 입장의 차이 때문에 주눅이 들면 정상적인 대화는 불가능하다. 고개를 들고 당당하게 자기주장을 펼 수 있어야 한다. 그런 의미에서 변해야 하는 것은 상대가 아니라 자기 자신이다. 마음속에 자리 잡은 두려움이나 패배감, 분노와 같은 부정적인 감정과 당당하게 마주하고 이겨내야 한다.

## 좋은 결과를 위해 긍정적으로 말하고 행동한다

우리의 태도와 행동은 전염성이 있어 주위의 사람들에게 크고 작은 영향을 준다. 아이들이 열심히 공부하기를 바라거나 직장에서 팀원들이 실적을 더 올려주기 바란다면 긍정적으로 말하고 행동해야 한다. 긍정적인 말은 상대의 사기를 올려주고 자신감을 향상시켜 보다 나은 인간관계를 갖게 해 준다.

처음 들른 가게인데 매장 직원이 본척만척 스마트폰만 보고 있다면 물건 살 마음이 없어진다. 반대로 환한 미소로 반갑게 인사하고 이것저것 열심히 상품을 소개하는 직원이라면 나도 모르게 지갑을 열게 된다. 이처럼 긍정적인 말과 행동은 상대방을 움직이게 하는 힘을 가지고 있다. 아이에게 "놀면 안 돼!"라고 말하는 것보다 "놀고 싶겠지만 먼저 해야 할 공부를 하고 나서 놀자"라고 말하는 것이 공부에 더욱 집중할 수 있는 긍정적인 대화법이다.

 가까운 사람들끼리는 퉁명스럽게 말하거나 간혹 함부로 말을 해도 대수롭지 않게 넘어가는 경우가 많다. 상대방이 무슨 의도로 그런 말을 했는지 잘 알고 있기 때문이다. 하지만 서로를 너무 잘 알고 있기 때문에 상대에게 바라는 속마음을 털어놓지 못하는 경우도 있다. 팀원이 좀 더 일을 열심히 해서 실적을 올려주기 바라지만 속 시원히 털어놓지 못하는 경우가 그것이다. 이럴 때에는 긍정적인 기대를 갖고 "자네는 잘할 수 있어", "이번 프로젝트 아주 잘 될 것 같아"처럼 긍정적인 말을 건네면 실제로 팀원도 상사의 기대에 부응할 수 있다.

 '피그말리온(Pygmalion) 효과'라는 것이 있다. 그리스 신화에서 나온 얘기로 볼품없이 생겼던 조각가 피그말리온은 자신이 만든 아름다운 여인의 조각상에 사랑을 느끼고 인간으로 변신시켜 달라고 신에게 기도했다. 여신 아프로디테가 이 기도를 듣고 조각상을 여인으로 만들어 주었고 피그말리온은 그녀와 결혼하여 행복한 삶을 살았다는 것이다. 피그말리온 효과는 긍정적인 기대를 갖고 상대를 대하면 그에 부응하는 결과가 따른다는 이론이다. 상대가 나를 존중하고 기대를 버리지 않으면 그런 기대에 보답하려고 노력해서 결국 기대가 실현된다는 의미로 쓰이기도 한다.

 상대의 단점이나 잘못했던 점, 상처 주는 말은 상대의 의욕을 떨어뜨리고 자신감마저 사라지게 만든다.

"(버럭 화를 내며) 왜 더 빨리 못하는 거야?"

"(과거의 잘못에 초점을 맞추면서) 어째서 안 한 거야? 분명히 하겠다고 말했잖아!"

"(아이의 잘못을 야단치면서) 그렇게 텔레비전만 보지 말고 공부를 했어야지!"

이런 말들은 자존감을 상하게 하고 자신감을 사라지게 만든다.

한편, 좋은 약은 입에 쓰다는 말도 있듯이 상대의 잘못된 점이나 나쁜 점을 지적해야 행동을 바꾼다고 생각하는 사람들도 있을 것이다.

잘못된 행동은 고쳐야 하는 것이 맞다. 하지만 그것을 고치기 위해 '지적히고 야단치고 혼내는 말'은 별다른 도움이 안 된다는 것이다. 상대의 약점이나 잘못을 지적하며 공격하는 것은 자신의 힘을 과시하는 것과 다름없다. 그러면 습관적으로 사소한 것을 트집 잡게 되고 듣는 사람은 점점 무력하고 무능하다는 기분을 느끼게 된다. 결국 자신감이 없어지는 악순환이 반복된다.

"힘든 하루를 마치고 퇴근해서 집으로 돌아왔는데 집은 어지럽혀져 있고 식사 준비도 안 되어 있다면 긍정적인 말이 나올까?"라고 반문할 수 있겠다. 하지만 이런 상황일수록 화를 내기보다 "내가 뭐 도와줄 게 없을까? 거들어 줄게"와 같이 긍정적인 말이 필요하다. 힘든 일이지만 긍정적인 말 역시 습관이다. 첫걸음이 힘들 뿐 두 번째, 세 번째는 보다 쉽게 말할 수 있을 것이다.

# 의견이 달라도
# 싸우지 않는다

　우리 모두는 각자 서로 다른 생각을 갖고 있다. 어떤 사안에서 서로의 생각이 다를 경우, 자신의 생각만이 옳다고 한다면 결국 말싸움으로 번지게 된다. 이렇게 의견이 대립하는 상황이라면 먼저 서로의 생각을 인정해야만 한다. 상대의 생각을 인정한다고 해서 자기 생각이 잘못됐다고 인정하는 것은 결코 아니다.

　가령 친구와 영화를 보고 나서 당신은 정말 재미있었다고 생각했는데 친구가 "난 그냥 그렇던데. 난 이런 영화 별로 안 좋아해"라고 말하면 기분이 별로 좋지 않을 것이다. 그렇다고 왜 이런 영화를 안 좋아하는지, 어떤 영화가 네 취향에 맞는 것인지 꼬치꼬치 따지다보면 말다툼으로 번질 가능성이 크다. 하지만 무작정 친구 의견에 동조하기도 그렇다면 "어떤 부분이 마음에 안 들었니?"

라고 물으면서 상대의 의견을 들어보는 것이 좋다. 만약 친구의 이야기에 합리적인 부분이나 당신이 미처 생각하지 못했던 부분이 있다면 기꺼이 인정하고 친구의 식견을 칭찬해 준다. 상상해보라. 모두가 똑같은 생각만 하는 사회는 얼마나 끔찍할 것인가? 생각이 다를 수 있다는 점을 기꺼이 이해하고 인정한다면 대화는 더욱 즐겁고 유쾌하게 흐를 수 있다.

가정에서 부부의 의견이 달라서 다투는 경우는 흔하지만, 이를 현명하게 다루지 못하고 쌓아두면 큰 상처가 되기도 한다. 예를 들어 남편이 퇴근하고 집에 들어와 입고 있던 옷을 아무렇게나 던져 놓고 치우지 않는다고 하자.

**아내** (짜증을 내며) 자기가 입던 옷은 자기가 좀 치워!

**남편** (역시 짜증을 내며) 알았다고. 나중에 치울 테니까 잔소리 좀 하지 마.

**아내** 지금 당장 치우라니까?

**남편** 나중에 한다고 했잖아!

이후 이어지는 것은 떠들썩한 부부싸움이다. 이런 경우에 부부가 싸우지 않고도 대화할 수 있는 두 가지 방법이 있다.

한 가지는 대화하는 관점을 바꾸는 것이다. 상대를 비난하는 것이 아니라, 자신의 감정(속마음)을 표현하는 대화로 바꾸는 것이다. 우리가 일상적으로 나누는 대화에서는 "당신이 치우지 않아서 화가 난다"고 하는데, 이 말은 화가 나는 원인이 남편한테 있다는 얘기이다. 결국 남편을 비난하는 말이다. 따라서 대화의 관점을 바꾸어 자신의 감정을 표현하는 대화, 즉 속마음을 표현하는 대화로 이끌어야 한다. 아내는 "나는 방이 정리돼 있지 않으면 짜증이 나고 기분이 나빠. 나를 게으르고 청소도 하지 않는 형편없는 여자라고 생각할까봐 불안해. 그러니까 집에 들어오면 바로 정리를 해줬으면 좋겠어"하고 솔직한 감정과 생각을 말하는 것이다. 이렇게 말하면 남편과의 대화가 불필요한 말싸움으로 번지지 않게 된다.

남편 역시 속마음을 얘기한다. "나는 당신의 신경질적인 말투를 듣는 게 정말 싫어. 나한테 명령하는 것처럼 들리거든. 난 집에 들어오면 일단 쉬고 싶은 마음이야. 그렇게 신경질적으로 말하면 나를 가장으로 대해주지 않고 무시하는 것 같아서 기분이 나빠. 그렇게 신경질적으로 얘기하지 않았으면 좋겠어"와 같이 말한다.

이때 중요한 것은 어느 한쪽이 "반드시 이렇게 해야 돼"라고 자신의 의견을 강요하지 않는 것이다. 가령 '옷을 제때 치우지 않는 것은 잘못된 것이다'라고 생각하는 상대가 잘못되었고 자신은 올바르다고 생각하면 안 된다는 것이다. 이러면 결국 상대가 잘못했다라고 말하게 되어 싸움이 된다. 이렇게 되지 않기 위해서는 서로의 취향과 성격이 다르다는 것을 인정해야만 한다.

또 다른 방법은 양쪽 모두의 의견을 수용하는 타협안을 만드는 것이다. 가령 두 사람이 사용하는 거실이나 안방은 항상 정리하고, 어지럽혀도 괜찮은 방을 하나 만들어서 남편 하고 싶은 대로 둔다. 아내는 집안 어디에서도 남편이 함부로 벗어놓은 옷을 보고 싶지 않겠지만, 남편의 취향을 인정해서 한발 양보하는 것이다.

다시 한 번 강조하지만 중요한 것은 다른 이의 생각과 개성을 인정하고, 마음속에 담아놓은 불만을 적절하게 표현하는 것이다. 이렇게만 하면 불필요한 말싸움은 사라지게 된다.

# 4

CHAPTER

## 자신의 감정을
## 표현하는 기술

당신이 만약 마음속 깊은 곳에 자신의 감정을 억누르며 살아온 사람이라면, 이번 장에서 감정의 자유를 얻을 수 있을 것이다.

Assertive
Communication
Skill

ASSERTIVE COMMUNICATION SKILL

# 감정을
# **억압하지 않는다**

점심시간에 식당에 가서 메뉴판을 보고 육즙이 흘러내리는 먹음직한 스테이크와 신선한 야채 요리를 주문했다. 하지만 잠시 후 테이블에 오른 음식은 메뉴판의 사진과는 달리 딱딱하게 굳어 있는 고기와 생기 없이 시들한 야채뿐이었다. 도저히 이대로 먹고 싶은 생각이 들지 않는다. 이럴 때 당신은 어떻게 행동하는가? 직원을 불러 새로운 음식을 요구하겠는가, 아니면 '별 수 없지'라고 여기며 식사를 시작하겠는가?

만약 새로운 음식이 나왔다고 해도 불쾌한 기분은 쉽게 사라지지 않을 것이다. 애초 기대했던 감정이 무시당한 것 같아 불쾌하고, 이 감정이 사라지지 않고 마음속 어딘가에 남아 있기 때문이다. 음식보다 자신의 감정이 더 중요한 상황이 된 것이다. 이때 불쾌했던 자신의 감정을 적절하게 배출하지 않고 마음속 어딘가에 담아두면, 나중에 전혀 다른 상황에서 필요 이상의 감정을 쏟아내게 된다. 뺨은 종로에서 맞고 화는 다른 곳에서 내는 셈이다.

우리는 자신의 감정에 대해 구체적으로 생각하지 않고 산다. 만약 자신의 감정을 정확하게 느끼고 그 감정에 따라 행동할 수 있다면, 나중에 불쾌감을 느껴 쓸데없이 흥분하고 지나친 감정표현으로 후회하지 않을 것이다. 하지만 자신의 감정을 아는 것은 의외로 어려운 일이다. 때로 감정은 본인이 느끼고 받아들이기 전에 얼굴 표정이나 행동, 태도 등에서 먼저 나타난다. 예를 들어 싫은 사람이 함께 있다면 가급적 얼굴을 보지 않으려고 등을 돌려 앉거나, 몸에 두드러기가 나는 식으로 나타난다.

일상생활에서의 감정은 변화무쌍하지만, 우리들은 어렸을 때부터 감정에 휘둘리지 않도록 알게 모르게 교육을 받고 살아왔다. '감정적인 사람'이 아닌 '이성적인 사람'이 되어야만 했다. 더욱이 어렸을 때 감정을 표현해도 부모가 이를 받아주지 않고 혼이 났다거나 상처받은 경험이 있다면 더더욱 감정을 표현하기 어려울 것이다. 이러한 경험들은 자신의 감정뿐 아니라 상대의 감정조차 수용하지 못하게 만든다. 이런 사람들은 감정을 거절하거나 무시해서 감정표현을 하지 않는 것이 자신을 지키는 것이라고 믿는다.

또한 긍정적인 감정표현에는 익숙하지만 부정적인 감정을 표현하는 데에는 거부감을 느끼는 사람도 있다. 짜증이나 화를 내는 것은 다른 사람에게 피해를 주는 것으로 생각하고 자신의 감정을 억누르는 것이다. "저 사람은 화를 내는 것을 못 봤어"라는 말은 칭찬일 수 있지만 당사자의 정신건강은 적신호가 켜져 있을 수도 있다. 자신의 생각을 침착하고 논리정연하게 말하는 것에는 능하지만 자신의 감정을 표현하지 못하는 사람들은 간혹 자신의 감정에 솔직한 사람들을 경원시하고 멀리 하기도 한다.

이성적으로 생각하고 감정에 흔들리지 않는 사람이 사회생활에서는 좀 더 평가받겠지만, 지나치게 자신의 감정을 억누르고 심지어 자신조차 스스로의 감정을 모르고 살아간다면 그것은 기계에 다름 아닐 것이다.

02  

# 상처 주지 않고
# 감정을 표현한다

사실 '감정'을 명확하게 이해하는 것은 어려운 문제다.

우리 마음속에는 여러 가지 감정이 복잡하게 얽혀있기 때문에 자신의 순수한 감정을 파악하기란 쉽지 않다. 어떤 일이 일어나면 그것을 판단하는 가치관(생각, 도덕관)에 따라서 감정이 발생한다. 때문에 똑같은 일에서도 어떤 사람은 슬퍼하고 어떤 사람은 전혀 신경 쓰지 않는 것이다.

감정을 느끼는 사람은 나 자신이지 상대가 아니다. 그런데 대부분의 사람들은 자신이 화나거나 불쾌해진 것을 상대 탓으로 돌리고 있다. 이것은 스스로 감정을 컨트롤할 수 없기 때문에 나타나는 현상이다. 반대로 상대가 화를 내는 것은 당신 탓이 아니다. 물론 당신이 일정한 계기나 자극이 되었을 수는 있다. 그러나 감정은 철저하게 자신의 것이고 어떻게 감정을 처리할 것인가 역시 본인이 결정한다. 자신의 감정에 대해 다른 이에게 책임을 물을 수는 없는 것이다. 이것을 정확하게 이해하지 않으면 상대의 감정에 지나치게 연연하게 되고 인간관계 때문에 불필요한 고민을 하게 된다. 감정을 정확하게 이해해야 자신의 감정을 컨트롤할 수 있고 불필요한 걱정으로 인해 낭비되는 시간과 에너지를 절약할 수 있다.

예를 들어 매일 밤늦게 전화를 거는 친구가 있다고 하자. 밤에는 좀 편안하게 쉬고 싶은데 친구는 거의 매일같이 늦은 전화로 스트레스를 푼다. 늦은 밤의 전화통화가 싫다는 자신의 속마음을 솔직하게 표현하지 못하니까 나도 모르게 퉁명스런 말투가 되고 결국 그 친구의 전화를 피하려고 한다. 결국에는 친한 친구를 잃게 될지도 모른다.

말하지 않으면 상대는 모른다. 차라리 "솔직하게 말하고 싶은데, 매일 밤늦게까지 전화통화를 오래 하고 싶지 않아" 혹은 "밤에는 가족들이랑 조용하게 지내고 싶어"라고 말하는 것이 좋다. 이 정도의 말에 정리될 친구 사이라면 빨리 정리하는 것이 좋을지도 모른다.

가장 좋지 않은 것은 부정적인 감정을 쌓아두고 있다가 어느 날 갑자기 폭발하는 것이다. 직장에서 갑자기 폭발하면 해고될 수도 있고, 친구 사이라면 절교, 부부라면 이혼에까지 이를 수도 있다. 폭발하는 감정으로는 화를 내는 상태만 전해질 뿐, 정작 무엇 때문에 화를 내고 있는가는 상대가 알 수 없다.

분노와 불쾌감, 증오 같은 부정적인 감정을 자연스럽게 받아들이지 못하는 사람이 있다. 이런 사람은 "이런 기분이 드는 것은 저 사람 탓이야"라고 다른 사람을 탓함으로써 부정적인 감정을 억압하고 불쾌한 감정을 느끼지 않도록 만든다. 혹은 '나는 저 사람이 싫어'라는 감정을 '저 사람이 나를 싫어해'와 같이 자신의 감정을 바꿔치기 하는 경우도 있다.

또한 마음속에서 감정의 흔들림을 느꼈을 때, 우는 것으로 그것을 표현할 때도 있다. 분노나 미움만이 아니라 외로움, 공포, 기쁨을 느껴도 우는 것으로 표현한다. 감정을 확실히 알게 되기까지는 막연한 불안감을 느껴 확실하게 표현하지 못하지만, 눈물을 흘린다면 그 사람의 감정은 어느 정도 정리된 것이다. 이러한 과정은 마음을 정리하기 위해 상당히 중요하다. 이 감정을 억지로 강요하면 감정기능이 마비되고 자신의 감정을 모르게 된다.

반복해서 말하지만 자신의 감정을 있는 그대로 인정하고 받아들이는 것이 무엇보다 중요하다. 자신의 감정을 올바로 파악하면 '나는 어떻게 하고 싶은가?'를 알 수 있게 되고 순간적으로 감정을 폭발시키지 않게 된다. 상대에게 자신의 부정적인 감정을 솔직하게 얘기했을 경우 상대방과 잠시 어색해질 수도 있지만, 자신의 판단에 책임을 지면 근본적인 인간관계에는 별다른 문제가 없을 것이다.

# 왜 감정을
# 표현하지 않는가?

## 상처 주지 않을까 하는 두려움

　대부분의 사람들은 상대에게 상처 주는 행동을 싫어한다. 우리는 어린 시절부터 "사람들이 싫어하는 것은 하면 안 된다", "다른 사람의 기분을 생각하고 말해야 한다"와 같은 교육을 받았고 이것은 상식으로 자리 잡았다. 실제로 이렇게 행동하는 사람은 이성적이고 상대를 배려하는 사람으로 평가받는다.

　다른 사람에게 상처 주지 않고 배려하는 마음은 중요하다. 그러나 지나치게 이런 생각에 매여 있으면 삶은 피곤해진다. 과연 다른 사람에게 상처 주지 않고 살아가는 것이 가능할까? 절대 가능하지 않다. 나의 의사와는 전혀 상관없이 상대가 상처받는 경우도 많기 때문이다.

단순히 들은 이야기를 전했을 뿐인데도 상대는 상처를 받는 경우도 있고, 칭찬하려고 했던 말이 상대의 아픈 기억을 되살리는 경우도 있다. 우리 모두는 누군가에게 상처를 주기도 하고 받기도 하면서 살아가는 것이다. 예를 들어 "홍길동 씨는 이번에 승진한대요", "얼마 전에 분양한 그 아파트는 값이 엄청 올랐답니다", "상미 씨는 다음 달까지 근무하고 결혼 때문에 퇴사한다고 하네요" 등의 소식을 전했다고 하자. 하지만 그 소식을 들은 사람이 승진한 사람과 라이벌 관계에 있다면 낙담할 것이고, 그 아파트를 사려고 했지만 돈이 부족해 포기한 사람은 속이 끓을 것이다. 남몰래 짝사랑하던 사람의 결혼 소식에 눈물을 흘리는 이가 있을지도 모른다. 당신의 의도와는 전혀 상관없이 말이다.

때로는 칭찬하려고 한 말에 상처를 받기도 한다. 성실해서 보기 좋다는 말을 '난 그저 몸으로 때우는 일이나 하란 건가'라고 받아들이거나, 요새 안색이 좋아 보인다는 인사말을 '회사에서 놀고 있단 말이야 뭐야'라는 식으로 생각할 수도 있다. 이런 점까지 모두 헤아리는 것은 불가능한 일이다. 이렇게 상처 주는 것을 두려워해서는 결국 아무 말도 못하게 된다. 가능하면 상대에게 상처 주지 않도록 해야겠지만, 때로는 어쩔 수 없다고 생각하는 것이 보다 현실적이다.

상대가 상처받았다고 얘기하면 솔직하게 사과하고 앞으로 같은 실수를 반복하지 않으면 된다. 상대가 상처받을까봐 자신의 속마음을 억누르기만 하는 것은 자신을 소중하게 다루지 않는 것이다.

### 실패해서는 안 된다

결코 실패해서는 안 된다거나 성공하지 않으면 모든 것이 소용없다고 생각하는 사람들이 있다. 유년 시절 실패의 쓰라린 기억이나 성공에 대한 강박 때문일 수도 있다. 하지만 우리 인생에서 돌이킬 수 없는 잘못이나 치명적인 실패는 그렇게 쉽게 일어나지 않는다. 한 번 실패했다고 해도 이것을 만회할 기회는 앞으로도 얼마든지 있다.

입사 후 회사에서의 첫 프레젠테이션에서 실수를 저질렀다면 밤새 잠을 이루지 못할 수도 있다. 하지만 남들도 당신만큼 그것을 오랫동안 기억할까? 커피 한 잔 마실 시간이 지나면 모두의 기억에서 사라질 만큼 사소한 일에 불과하다. 대다수의 사람들과 다른 의견을 내놓는 것은 어떨까? 이것은 결코 두려워할 일이 아니지만, 문제는 실패를 두려워하는 당신에게 있다.

기획부에서 근무하는 전오상 씨는 어느 날 있었던 회의에서 끝내 용기를 내지 못했다. 중요한 결정이 내려진 회의에서 오상 씨는 기존의 의사결정을 뒤집을 만한 주장과 근거를 가지고 있었지만 끝내 입을 열지 못했다. 자신의 의사가 관철되지 못하면 어떻게 하나라는 걱정이 앞섰기 때문이다. 하지만 그날 회의 이후 오상 씨의 기분은 우울하기 짝이 없다.

이런 경우에는 스스로에게 몇 가지 질문을 던져보는 것이 좋다. 지금 내 의견을 말하는 것은 나를 위한 것인가 아니면 회사를 위한 것인가, 지금 말하지 않으면 다시 기회가 있을 것인가, 말하지 않고도 후회하지 않을 수 있겠는가…. 스스로에 대한 질문과 대답 속에서 불안감이나 긴장감을 어느 정도 해소하고 자신감을 찾을 수 있게 된다.

## 완벽주의는 재미없다

자신이 하는 일은 모두 완벽해야 한다고 생각하면 간단한 일에도 지나치게 고민하고 에너지를 필요 이상 소모하게 된다. 여유 있는 삶을 즐길 수도 없어 결국 스스로를 괴롭히게 된다. 가령 골프를 무조건 잘 치려고만 하면 정작 골프에서의 재미를 느끼기 어렵게 된다. 아까운 돈과 시간을 그렇게 낭비할 필요가 있을까? 일에서도 마찬가지다. 너무 과중한 목표를 세우거나 실적을 올리는 데 지나치게 집중하면 일에 대한 가치와 보람은 사라지고 인간관계에서도 문제가 생긴다.

완벽한 인간이 되려는 사람은 다른 이들에게 문제점을 지적받아도 절대로 인정하지 않으려고 한다. 오히려 "네가 뭔데", "당신이나 잘해"와 같은 식으로 상대를 공격하고 결과적으로 다른 사람들한테 피해를 주게 된다.

가능하다면 실수나 잘못 없이 좋은 결과를 내는 것이 바람직하다. 하지만 세상의 모든 일은 그렇게 순조롭게 흘러가지 않는다. 자신이 할 수 있는 것을 하고 그것대로 자신에 대한 평가를 받아들이면 된다. 지나치게 완벽한 것은 재미있지도, 인간적이지도 않다.

### 거절당하지 않아야 한다

다른 이들에게 사랑받고 싶고, 좋은 관계를 유지하고자 하는 욕구는 누구에게나 있지만 이것에만 매달리면 자신의 행동을 제약하게 된다. 이런 생각에 매달리면 상대를 지나치게 의식해 자신의 마음을 숨기고 상대의 의견에만 따르게 된다. 모든 것을 상대에게 맞춰서 행동하므로 상대에 따라 행동이나 생각이 달라지고, 그 결과 자신의 마음을 표현할 수 없고 자신만의 가치관을 확립할 수 없게 된다. 부모님 말을 잘 듣는 착한 아이라는 말을 듣고 자란 사람이 어른이 되어 강한 반항심을 나타내는 사람도 있는데, 어릴 적 부모가 시키는 대로만 했던 것에 대한 반작용이다. 이런 사람들은 때로 주위 사람들에게 자신을 맞추고 싶지 않아 다른 사람들하고 말하는 것을 싫어하고 불안감을 갖기도 한다.

두 살짜리 딸이 있는 주부 강인정 씨는 남편의 직장 때문에 이사를 자주 다녀야 하는 어려움이 있다. 새로 이사하고 난 후 매일 혼자 지내다가 어느 날 외출을 했는데, 아이를 데리고 가까운 공원에 나가 보니 놀고 있는 아이와 엄마들이 있었다. 겉으로 보기에 사이좋은 사람들로 보였다. 그녀는 "내가 말을 걸어 분위기가 나빠지면 어떡하지? 친절하게 대해 주지 않으면 어떡하지?"라고 생각하다가 결국 아무런 말도 걸지 못하고 집으로 돌아왔다.

사람들은 같은 입장에 있는 사람들끼리 친근감을 갖게 된다. 아이를 둔 엄마가 말을 걸면 같은 엄마로서 친절하게 대해 줄 가능성이 높다. 혹시 친절하게 대해 주지 않는다고 해도 다른 공원에 가거나 어린이집 부모들과 같이 다른 사람들을 찾아보면 된다. 사람들이 친절하게 대해 주지 않을지도 모른다는 선입관으로 혼자 지낼 필요가 없다. 새로운 사람들과 만났을 때에는 "당신과 친하게 지내고 싶다", "나는 이런 사람이다"라고 솔직하게 자기소개를 하는 것이 좋다. 솔직하게 말하면 불필요한 일에 신경 쓰지 않아도 된다. 사람들은 기꺼이 당신을 맞아줄 것이다.

누구에게나 해당되는 얘기지만 사람이 가장 매력적으로 보이는 것은 자연스럽고 당당하게 행동할 때다. 진정한 매력은 일부러 만들 수 있는 것이 아니라 어색함 없이 자연스럽게 자기를 표현할 때 드러나는 것이다. 무조건 상대에게 맞춰 주면 인간관계에서 문제는 일어나지 않을지도 모른다. 하지만 자신만의 매력과 모습은 사라지고 만다. 어려울 것 없다. 있는 그대로 자신의 모습을 보여주면 된다.

만약 상대가 자신을 좋아하지 않는다면 어떻게 해야 할까? 먼저 그 원인이 자신에게 있는지 상대에게 있는지를 생각한다. 그 원인이 자신에게 있고 바꿀 수 있는 것이라면 해결할 수 있겠지만 상대한테 원인이 있다면 이것은 어떻게 할 수 없다. 상대에게 이 부분을 바꿔달라고 부탁할 수도 있겠지만 사람은 그렇게 쉽게 바뀌지 않는다. 성인(聖人)이 아닌 다음에야 모든 사람을 좋아하거나 모두에게 사랑받을 수는 없다. 안 되는 것은 안 된다고 생각하라. 당신 주변에 있는 사람과 좋은 관계를 만들어 가려는 노력이 중요하다.

# 건전하게
# 분노를 표현하는 기술

감정이 일어나는 것은 생리적인 현상이다. 특히 분노와 같은 감정은 쉽게 사라지지 않는다. 참고 참아서 억압한 분노는 어느 날 갑자기 폭발해 큰 사고로 이어지거나 자신의 심신을 갉아먹는 원인이 된다.

분노를 표현하는 방식으로는 공격적인 유형과 수동적인 유형이 있다.

공격적인 유형은 대부분 '폭발'한다. 일방적으로 화를 내고 상대를 탓하며 마치 타오르는 불꽃처럼 상대방과 자신을 태운다. 상대는 상처를 받고 침묵해 버리거나 반발해서 큰 싸움이 되기도 한다.

수동적인 유형은 좀처럼 분노를 표현하지 않는다. 화를 내서는 안 된다고 생각하고 있으므로 아무리 화가 나더라도 자신의 감정을 부정하고, 화가 난 자신에게 가책을 느낀다. 하지만 마음속 깊은 곳에서는 분노의 씨앗이 자리 잡고 있으므로 소위 '화병'으로 이어져 몸이 상하기도 한다.

## 건전하게 분노를 표현한다

건전한 분노의 표현이란 어떤 것일까? 먼저 처음 분노의 감정을 느꼈을 때 이것을 말로 표현한다. 분노의 감정에서는 말로 표현하는 것이 특히 중요하다. 다른 감정과 비교해서 분노의 감정은 올바로 파악하거나 정리하는 것이 어렵기 때문이다.

분노를 느낄 때 "짜증 나, 쓸데없는 말 하지 마"와 같은 식의 말은 자신의 화를 드러내는 것이 아니라 상대를 매도하는 것이다. 이렇게 "당신은 ○○○다"라는 표현은 '유(You)' 메시지이다. 유 메시지는 상대를 비난하는 것이므로 상대에게 방어의 벽을 만들고, 결과적으로 보복하든가 무시하든가 둘 중 어느 하나가 된다. 왜 화가 났는지 사실을 올바르게 전하지도 못하게 된다.

상대에게 화를 내면 당장은 후련할지 모르지만 인간관계가 악화되기 쉽다. 결국은 상대가 가해자, 자신은 피해자라는 이분법적인 생각으로 빠지고 대등한 관계에서 멀어지게 된다.

분노의 감정을 갖는 것과 공격적으로 표현하는 것은 다르다. 분노의 감정 자체는 기쁨이나 슬픔과 같은 여러 가지 감정 가운데 한 가지이고, 이것을 느끼는 것과 표현하는 것은 다르다. 커뮤니케이션에 있어서 중요한 것은 감정을 가진 자신을 부정하는 것이 아니라 감정을 인정하면서 이것을 표현할 것인가 표현하지 않을 것인가를 판단하고, 만약 표현할 경우 건전한 방법으로 하는 것이다.

건전한 분노의 표현은 싸움과는 다르다. 즉 '자신 때문에 화가 난 것이다'라고 생각하고 상대와 대화를 하는 것이다. 화를 내는 것도 표현하는 것도 자신의 책임이고, 상대 때문에 화가 났다고 상대에게 책임을 미루지도 않는다. 그러므로 자신의 분노를 말로 표현한다. 다른 감정과 마찬가지로 '나는 이렇게 느낀다'라고 '아이(I)' 메시지로 표현한다.

"나 지금 짜증 나는데", "나 화났어"하고 마음속으로 혼자 중얼거린다. 화가 난 상태에서 어떻게 자신의 분노를 파악해서 스스로에게 말할 수 있느냐고 물을지도 모르겠다. 하지만 자신과 먼저 대화함으로써 신기하게도 대부분의 화는 진정된다.

다음으로 자신의 분노를 상대가 알아주길 바란다면 어떻게 표현할 수 있을지 생각해보자. 주의해야 할 점은 상대가 흥분한 상태에 있다면 일단 흥분을 가라앉히고 나서 말하는 것이다. 상대의 흥분이 다소 진정되었다면 아이(I) 메시지의 표현으로 전달한다. 표현하는 방법으로는 다음 세 가지를 참고한다.

### ① 화가 난 이유를 표현한다

무엇에 대해 화가 났는지 구체적으로 그 이유를 말한다. 당신에게 초점을 두는 것이 아니라 상대의 구체적인 행동이나 태도, 즉 일어난 일에 포커스를 둔다. 예를 들어,

"내가 말하고 있을 때 중간에 말을 가로막아서 기분이 좋지 않았어."

"연락도 하지 않고 지각하면 정말 짜증이 난단 말이야."

### ② 구체적인 바람을 말한다

화가 났다는 사실뿐 아니라 무엇을 어떻게 해 달라고 하는 구체적인 바람을 말한다. 화가 났다거나, 유감이다, 곤란하다와 같은 부정적인 감정을 전달할 때는 반드시 "그래서 나는 너에게 ○○○을 원해"라고 자신이 바라는 것을 말한다. 혹은 "그때 이렇게 해 줬으면 좋았을 텐데…"라고 과거에 대해서 말하는 것이 아니라 "앞으로는 이렇게 해주었으면 해"와 같이 '미래'에 대해서 말하는 것이 중요하다. 상대가 구체적인 행동이나 태도의 변화로 나타

낼 수 있는 것을 말하는 것이다.

### ③ 말과 태도를 일치시키면서 표현한다

분노를 표현할 때는 진지한 얼굴로 말과 태도, 목소리 톤이 따로 놀지 않도록 주의한다. 웃으면서 싫다고 하거나 눈을 노려보면서 "화 나지 않았어"라고 말하면 상대는 혼란스러울 수밖에 없으므로 주의한다. 손 동작과 같은 적절한 보디랭귀지를 함께 사용하면 효과적이다.

## 분노의 감정 속에 숨겨져 있는 기분

분노의 감정 속에는 여러 가지 기분이 숨겨져 있다. 감정을 언어로 이해하는 것이 중요한 이유는 화가 났을 때 그 속에 있는 기분을 알아야 하기 때문이다.

분노 속에 숨겨져 있는 기분은 크게 세 가지로 구분할 수 있다.

하나는 불만스러운 기분이다. 잘될 것이라고 믿었던 일이 잘 되지 않으면 초조하고 불안하다. 급한 상황에서 교통체증에 걸리거나 일이 마감 내에 마무리되지 않을 경우에 느끼는 감정이다.

두 번째는 상처받은 감정이다. 화가 나서 눈물이 멈추지 않을 때다. 상처받은 분노의 감정 속에는 슬픔, 절망감, 고독감, 공포심이나 피로감이 숨겨져 있다. 진짜는 화가 난 것보다 괴로웠다거나 슬펐다거나 외로웠다거나 힘들었다하는 감정이다. 상처받은 감정이 지뢰처럼 묻혀 있는 경우 강한 분노로 표출되기도 하는데 이런 분노는 상처받은 감정을 더욱 아프게 한다.

세 번째는 희망의 분노다. 이 유형의 분노는 애정이나 희망을 토대로 한다. 사회적인 부정부패나 잘못된 일에 대한 분노이다. 부정을 바로 잡고자 해서 화를 내거나, 잘못된 일을 용서하지 않고 집단행동을 하는 경우 등이다.

두 번째의 분노가 자신과 상대에게 상처를 주는 부정적인 행동의 것이라면 세 번째는 긍정적인 행동을 만드는 분노라고 할 수 있다. 또한 사람에 따라 이 분노가 성공의 원동력이 되는 경우도 있다.

ASSERTIVE COMMUNICATION SKILL

# 태도로 전달한다

 미국의 심리학자 앨버트 메러비안(Albert Mehrabian)에 따르면 정보를 전달하는 커뮤니케이션에 있어서 입에서 나온 말, 목소리 톤, 태도나 표정의 세 가지 요소가 일치하지 않으면 메시지의 전달력은 말의 내용은 10% 미만이고, 목소리는 40%, 표정이나 태도가 50%라고 한다. 즉 고맙다는 말을 할 때 입으로 고맙다고 말해도 상대를 보지 않고 말로만 하면 감사의 마음은 전달되지 않는다는 뜻이다. 우리가 생각하는 것 이상으로 말 자체보다 목소리나 태도, 표정의 메시지가 중요한 것이다.

 그렇다면 대화할 때의 태도나 자세, 표정 등은 어떻게 해야 할까?

- 중요한 것을 전달하고 싶다면 당당하고 자신감 있게 말한다.
- 건방지게 보이면 곤란하지만 그렇다고 비굴하지 않게 상대의 얼굴을 보면서 차분하게 말한다
- 성실하게, 거짓말하지 않고 정직하게 말한다
- 상대를 이해하고 싶다고 생각하고 진지하게 귀를 기울인다

말과 태도를 일치시키는 이러한 태도는 자기주장의 기본적인 태도가 된다. 더불어 이런 행동은 상대한테 신뢰감을 주고 설득력을 배가시킨다.

"미안해"라고 전달하고 싶다면 미안하다는 태도를 취하는 것이다. 자신감 있고 차분한 태도로 명확하게 전달하면 상대도 마음을 열고 들어주게 된다. 업무에서 실수한 직원에게 주의를 준다면 진지한 표정으로 약간 낮은 톤으로 말할 때 보다 진의가 잘 전달된다.

## 외모

자기주장에서는 외모도 중요한 요소가 된다. 잘생기고 못생기고를 말함이 아니다. 잘 정돈된 머리와 단정한 옷차림 등은 앞으

로 보다 좋은 인간관계를 맺고 싶다는 의지의 표현이며, 당신의 말을 진지하게 받아들이느냐 아니냐를 결정하는 중요한 요소가 되기도 한다.

표정이나 목소리 톤, 말할 때의 태도 등은 전문가의 조언을 받는 것도 방법이다. 동영상을 찍어서 상대가 본 자신의 모습, 자신이 생각하고 있는 모습의 차이를 알아보는 것도 권할 만하다.

## 시선

어떤 순간에도 눈에는 표정이 담겨져 있다. 상대의 눈과 마주하면서 내화하는 것이 중요하다. 시선을 피하거나 고개를 숙이면 당당한 인상을 주지 못한다. 너무 오랜 시간 응시하거나 눈동자를 굴리지 않도록 한다. 시선을 움직이지 않고 빤히 쳐다보게 되면 공격적인 인상을 준다. 시선을 옮기고자 할 때는 얼굴도 같이 움직여야 하고 눈동자만 굴리지 않도록 주의한다. 또한 상대를 강하게 응시하지 않고 얼굴의 각 부위로 자연스럽게 시선을 옮길 수 있도록 한다. 상대의 말을 들을 때에는 고개를 끄덕여 준다. 관계를 만들고 싶다는 적극적인 의미이기 때문이다.

상대를 위아래로 훑어보는 것은 무례하다는 인상을 줄 수 있으므로 주의한다. 또한 대화하면서 70%는 시선을 맞추고 30%는 시선을 거두도록 한다. 시선을 거둘 타이밍은 고개를 끄덕이는 순간이다. 대화하면서 상대의 말이 끊길 때에는 시선을 떨어뜨리는 것이 좋다.

## 표정

희로애락의 감정은 표정에서 판단할 수 있지만 사람이 보는 앞에서 울어서는 안 된다거나, 화를 내서는 안 된다, 항상 미소를 띠고 있어야 한다고 생각하면 솔직한 표정이 나오지 않게 된다. 또한 상황에 맞지 않은 표정을 억지로 짓거나 무표정한 얼굴을 하지 않도록 주의한다. 본심을 숨기고 반대되는 표정을 짓거나 무표정한 모습을 보이는 것은 상대를 불안하게 한다. 예를 들어 상대가 실수를 했는데도 "괜찮아요"라고 말했다고 하자. 그때 말과 달리 얼굴이 굳어지면서 차갑게 변한다면 그 표정을 본 상대는 진짜 괜찮은지 어떤지 몰라 불안하게 된다. 그렇게 되면 상대는 말보다 보디랭귀지의 메시지를 더 신뢰하게 된다.

부자연스런 표정을 보면 상대는 이를 적의로 받아들이고 오해하는 경우도 있으므로 주의하는 것이 좋다.

## 목소리

커뮤니케이션의 도구로서 목소리는 아주 중요하다. 적극적인 사람은 강압적이고 너무 큰 목소리로 말하는 경향이 있고, 수동적인 사람은 아주 작은 목소리로 말하는 경향이 있는데 상대가 알아들을 수 있게 적당한 크기로 말해야 한다. 목소리가 너무 크고 말을 빨리 하면 알아듣기 어렵고, 너무 낮아서 소곤소곤 말해도 알아듣기 어렵다. 또한 질문을 하거나 부탁을 할 때, 사과의 말을 할 때에는 뚜렷하게 말한다. 콧소리로 말하거나 작은 목소리로 속삭이듯 말하면 불필요한 오해를 받기 쉽다.

## 자세와 태도

대화할 때 자세가 나쁘면 이것만으로도 좋지 않은 이미지를 준다. 자세를 바로 하되 불필요한 힘이 들어가지 않도록 해서 항상 자연스러운 모습을 유지한다. 또한 머리가 한쪽으로 기울어지지 않았는지, 얼굴이 너무 굳어있지 않은지, 다리 위치가 부자연스럽게 너무 벌어져 있지 않은지 체크할 필요가 있다.

여성들은 서 있을 때 손을 가만 두지 못하고 만지작거리는 경향이 있다. 이런 모습은 불안하고 신경질적으로 보인다. 진지한 사람으로 보이지 않으면 당신이 하는 말도 진지하게 받아들이지 않는다. 남성들은 두 다리를 넓게 벌리고 손을 엉덩이 바지 주머니에 넣고 서 있는 경우가 있는데 이런 자세는 많은 공간을 차지해서 자칫 공격적으로 보일 수도 있다. 반대로 두 발을 모으고 서서 손을 주머니에 넣고 몸을 흔드는 자세는 수동적이고 자신감이 없어 보인다. 까닭 없이 산만해 보이기도 한다. 이런 자세의 사람을 자기주장이 강하고 단호한 사람이라고는 생각할 수 없다. 특히 어려운 대화를 나누고 있을 때 서 있는 모습은 당신의 무의식을 드러낸다. 자신감 있게 보이려면 두 발을 15~20센티미터 정도 벌리고 두 발에 몸의 무게를 똑같이 싣는다.

## 공격적으로 보이는 자세와 태도

### ① 손가락질한다

상대를 손가락으로 가리키지 않는다. 이 자세는 자신도 모르게 하는 경우가 많다. 또한 펜을 사용하다가 펜으로 상대를 가리켜서는 안 된다. 특히 식사하면서 젓가락으로 상대를 가리키는 동작도 주의하기 바란다.

### ② 주먹으로 탁자를 친다

뭔가를 강조하거나 분노를 표현할 때 이런 공격적인 자세를 취한다.

### ③ 팔짱을 낀다

팔짱을 끼는 모습이 반드시 공격적인 태도는 아니다. 하지만 기분이 좋지 않다거나 폐쇄적으로 보인다. 대화하는 중에 추워서 팔짱을 끼고 있다면 춥다고 얘기를 하는 것이 좋다. 말을 하지 않으면 방어적이라고 불필요한 오해를 받을 수 있다.

## 수동적으로 보이는 자세와 태도

### ① 손동작이 산만하다

대화 중에 양손을 비비거나 손마디를 꺾거나 하는 산만한 모습을 하지 않는다.

### ② 집게나 펜, 클립, 고무줄, 머리를 만지지 않는다

많은 사람들 앞에서 발표하면서 지시봉으로 손바닥을 때리는 것과 같은 불필요한 행동을 하지 않는다. 또한 머리가 긴 여성의 경우 말을 하면서 손가락으로 머리를 꼬는 경우가 있는데 정서적으로 불안하게 보인다.

**③ 말을 할 때 손으로 입을 가리지 않는다**
입을 가리면서 말을 하게 되면 당당하지 않고 자신감이 없어 보이게 된다.

### 눈살을 찌푸리게 하는 자세와 태도

- 다른 사람한테 손가락질을 한다.
- 말을 할 때 혀를 내민다.
- 손을 쥐고 비튼다.
- 몸을 흔든다.
- 무섭고 딱딱한 표정을 짓는다.
- 몸짓이 너무 크거나 아예 없다.
- 손을 엉덩이에 대고 있다.
- 주먹으로 뭔가를 친다.
- 앉아 있으면서 바닥을 친다.
- 말을 하면서 바닥을 내려다본다.

## CHAPTER 5

# 상황별로 살펴보는
# 대화의 기술

살아가다보면 말로 상처받고 피해를 보는 수많은 경우와 마주하게 된다. 어떻게 대처해야 할지 이번 장에서 배워본다.

Assertive
Communication
Skill

# 직장 동료가
# 자신의 호의를 악용할 때

하루 일과의 대부분을 보내는 직장에서 비상식적인 행동을 일삼는 사람이 있다면 난처하기 그지없다. 책이나 점심값, 사무용품 등을 수시로 빌려가 안 돌려주는 일 등이다. 처음 한두 번은 호의로 그러려니 하고 넘어가지만, 이것이 반복되면 좀처럼 헤어 나오기 힘든 악몽이 되기 쉽다.

**선배**    아, 요즘 방송에 나와서 유명해진 그 책 샀구나. 잠깐 좀 빌려줄래? 점심시간 끝나면 돌려줄게.

**후배**    어제 저녁에 산 거라서요. 저도 아직 안 읽었는데…. 오늘 읽고 나서 내일 빌려 드릴게요.

**선배**    참 사람하고는. 금방 읽고 준다니까 그러네. 이리 줘봐.

| | |
|---|---|
| 후배 | 저…, 저기요. |

(선배는 이미 책을 가지고 갔다)

다른 사례를 보자.

(점심 식사 후)

| | |
|---|---|
| 선배 | 아이고, 이런. 지갑을 깜빡 하고 안 갖고 왔네. |
| 후배 | ….(긴장한다) |
| 선배 | 회사 들어가서 줄 테니까 일단 내 것까지 계산 좀 하지. |
| 후배 | 아, 선배. 일전에도 그러셨다가…. |
| 선배 | 나 먼저 간다. 고마워.(잽싸게 문을 나선다) |

항상 남의 도움을 받는 것을 당연하게 여기고, 후배나 동료한테 돈을 빌리고도 갚으려고 하지 않는 사람들이 있다. 이런 사람들은 말과 겉모습은 자신감에 넘치고 일견 사교적이지만, 이것은 진실성이 없음을 위장하기 위한 수단에 불과하다. 이들에게 다른 사람들이 어떻게 생각하는지는 관심의 대상이 아니다. 철저하게 자기 위주로만 사고하기 때문이다. 다른 사람의 의견은 물론 인격마저도 존중하지 않는 듯 행동하고 실제로도 그렇게 생각한다.

이런 사람들에게는 자신의 의견을 확실하고 단호하게 말해야 한다. 처음 한 번 정도는 호의를 베풀 수 있겠으나 같은 행동이 반복되면 시간을 끌지 말고 바로 말하는 것이 좋다.

"선배, 지금 무슨 말을 하는 거예요. 이 책 내 돈 내고 산 거예요. 지난번에 식당에서 내가 밥 산 것도 아직 안주셨잖아요"라고 확실하게 말한다.

그럼에도 이런 문제가 심각하게 반복된다면 직속 상사나 부서장 등 관리 책임이 있는 이들에게 도움을 요청하는 것이 좋다. 중요한 것은 확실하고 빠르게, 그리고 단호하게 자신의 의견을 말하는 것이다.

# 권위적인 상사가
# 무리한 요구를 할 때

 최근에는 국내 기업들도 많이 바뀌고 있지만, 상하관계와 상명하복의 지휘체계만을 중요하게 여기는 권위적인 사람들이 적지 않다.

 이런 사람들은 일을 해야 하는 이유를 직원들에게 상세하게 설명해 주지 않는다. '시키는 일이니까 토 달지 말고 하라'는 식인데 혹 정면에서 다른 의견을 제시하면 더욱 완고하게 밀어붙이려고 한다. 자신의 권위나 인격이 무시당했다고 여기기 때문이다. 이런 사람에게는 대놓고 반론하지 않는 것이 좋다.

**팀장**  내일 아침에 영업3과에서 긴급회의를 합니다. 정신 똑바로 차리지 않으면 이번 분기 목표달성은 어려워요. 모든 부서원에게 영업 실적 자료를 제출하라고 하세요.

**팀원**    팀장님. 내일 아침은 너무 빠르지 않을까요? 개인 일정도 있을 텐데요. 더구나 내일 아침까지 영업 실적 자료를 제출하라고 하는 것은 조금….

**팀장**    무슨 소립니까? 긴급회의니까 내일 아침에 한다는 것 아닌가요? 실적이 이 모양인데 개인 일정 정도는 바꿀 수 있어야죠? 그리고 영업실적 자료는 언제나 파악하고 있지 않습니까?

**팀원**    저는 조금이라도 준비할 시간을 갖고 회의를 하는 것이 좋겠다고 생각합니다만….

**팀장**    지금 내 말에 반항하는 건가요? 지시한 대로 하세요!

부하직원이라면 자신이 말한 것은 무엇이든지 따라주어야 한다고 생각하고 다른 의견은 받아들이지 않는다. 상대방의 반발이 거셀수록 자신의 권위에 흠집이 간다고 생각해 자신의 의견을 더욱 강하게 밀어붙인다. 이들은 단지 자신의 힘을 보여주고자 하는 것일 뿐이므로 일단 적당히 권위와 체면을 세워준 다음 현실적으로 불가능하다는 점을 차분하게 설명한다.

**팀원**    내일 아침에 긴급회의라는 말씀이시지요. 네. 알겠습니

| | |
|---|---|
| | 다. 즉시 모두한테 연락하고, 각자 영업 실적 자료를 제출하라고 하겠습니다. |
| 팀장 | 그래요. 좀 급하긴 하지만 전부 연락하도록. 지금 확실하게 해야 하니까. |
| 팀원 | 네, 잘 알겠습니다. 전원 회의에 참가할 수 있도록 일정 조정을 하겠습니다. |
| 팀장 | 좋습니다. 서두르세요. |

(1~2시간 정도가 경과한 후 팀장에게 다시 보고한다.)

| | |
|---|---|
| 팀원 | 팀장님, 지금 출석할 수 있는 사람은 저 한 사람뿐인데요. 지금 모두 내일 일정을 조정하고 있지만 전원 참가를 강제하면 거래처에서도 문제가 생겨서 말입니다. 반드시 내일 아침에 해야 하는 것이죠? |
| 팀장 | 그래요? 그렇게 어려운 상황인가…? 그럼 내일 아침 회의는 일단 캔슬한다고 다시 연락하세요. |

이런 상사는 자신의 권위를 상대에게 인식시키는 것이 무엇보다 중요하다. 따라서 일단 상대의 말을 받아들인 후 시간을 두고 나서 다시 차분하게 현실적인 상황을 말하는 것이 좋다. 가급적 정면충돌을 하지 않도록 한다.

ASSERTIVE COMMUNICATION SKILL 03

# 성희롱에 맞닥뜨렸을 때

계약직원이나 파견사원 같은 비정규직 사원들은 계약연장이 되지 않으면 어떻게 하나라는 불안감을 가지고 살아간다. 더욱이 일정기간 후 정직원의 기회가 주어지는 조건이라면 모든 사람들한테 미움받지 않도록 신경을 써야 하고, 때문에 이들은 직장 내 성희롱의 상습적인 피해자가 되곤 한다. 소위 '갑질'의 대상이 되어 괴롭힘을 당하는 것이다. 그 상대가 생사여탈권을 쥔 상사라면 대처하기가 더욱 쉽지 않다.

퇴근 후 회식 자리에서 음주를 강요하고 애인이 있느냐 없느냐, 없으면 왜 없느냐, 어디 문제가 있는 것은 아니냐는 등 사생활을 꼬치꼬치 캐묻는다. 심한 경우 불필요한 스킨십까지 서슴지 않는다.

직장 내 성희롱은 처음에 확실하게 거절하지 않으면 수위가 점점 높아지기 마련이다. 나중에는 성희롱이나 성추행 사실을 고발해도 본인만의 착각이라거나 증거가 없다면서 오히려 책임을 뒤집어씌우기도 한다.

처음 성희롱을 당하면 당황스러운 마음에 상대를 피하기만 하는 경우도 있다. 일부는 '대체 내가 어떻게 행동했기에 그런 식으로 대했을까?'하고 스스로를 비난하고 자책하기도 한다. 안타깝기 그지 없는 일이다.

만약 성희롱의 피해자가 되었다면 다음과 같이 행동한다.

먼저 상대의 행동이나 말이 거슬리고 불편하다고 분명하고 단호하게 말한다. 필요하다면 이런 행동이나 언사를 성희롱으로 간주하겠다고 경고하고 더 이상 하지 말 것을 요청한다. 만약을 대비해 상대방의 행동이나 말, 일이 일어났던 시각, 함께 있었던 목격자들의 이름까지 메모해 둔다.

상대가 이러한 말이나 행동을 반복하면 앞에서 한 경고를 반복하고 이전에 일어났던 일들을 서면으로 작성해 가해자와 가해자의 상사에게 보내고 자신도 보관한다. 그래도 계속해서 상대가 성희롱을 반복하고 회사에서도 적극적으로 해결에 나서지 않는다면 외부기관에 도움을 요청하고 성희롱 죄로 상대를 고소한다.

최근 성희롱의 특징 중 하나는 상대가 일방적으로 성적인 관계를 강요하기보다 일정 부분 연애 감정이 얽혀있는 경우가 많다.

처음에는 연애감정을 갖고 순조롭게 사귀다가 거절했는데도 끈질기게 만남을 요청하거나, 사귀다가 헤어진 여성이 성희롱으로 고발해서 결국 남자가 회사를 그만뒀지만 매일 협박전화를 받는다는 사례도 있다. 이와 같은 성희롱을 없애기 위해서는 구성원 스스로 깨닫는 것도 중요하지만 문제를 일으키지 않도록 질서 있는 직장 문화를 만드는 것도 중요하다. 더 이상 성희롱은 여성만의 문제가 아니라 모두가 책임의식을 갖고 함께 개선해야 할 문제이다.

# 상사가
# 사적인 심부름을 시킬 때

직장에서 공과 사를 구분하지 못하고 부하직원에게 개인적인 심부름을 시키는 일이 있다. 간혹 부득이한 경우에 직원의 양해를 구한 뒤라면 별문제 없겠지만 일상다반사가 되어버리면 말 못할 스트레스가 되곤 한다.

팀장    갑수 씨, 요앞 마트에 가서 물건 좀 사다 줄 수 있겠나?

팀원    네, 팀장님 뭘 사올까요?

팀장    이번 어린이날 선물이 필요해서 말이야. 미안하지만 장난감 코너에서 새로 나온 ○○○ 레고 좀 사다주게.

이처럼 업무와 하등 관계없는 일을 스스럼없이 시키는 경우가 있다. 상사 입장에서는 별다른 생각 없이 시킨 일일지 몰라도 (혹 자기 자신은 정중히 부탁했다고 생각할지 몰라도) 직원 입장에서는 '이런 일이나 하려고 그 힘든 공부를 했나' 자괴감을 느끼지 않을 수 없다. 당연히 업무 의욕도 저하된다.

이런 경우 상사가 시키는 대로 따르기만 해서는 안 된다. 그렇다고 맞서서 화를 낼 수는 없는 일, 단지 그와 같은 지시가 부당하다는 것을 환기시켜주면 된다.

가령 적당히 큰 소리로 (다른 부서원들도 들을 수 있게끔) "네? 지금은 업무시간인데요? 괜찮을까요?"라고 말하면 어지간한 상사도 더 이상 무리한 부탁을 할 수 없게 된다.

이런 성향의 상사들은 본인이 부하직원을 힘들게 하고 있다는 사실 자체를 자각하지 못하는 경우가 많다. 따라서 정중하고 단호하게 자신의 주장 즉 무리한 부탁은 수용할 수 없다는 것을 (때를 놓치지 말고) 말하는 것이 좋다.

# 고객의 클레임에
# 대응할 때

대부분의 소규모 회사에서는 전화 문의나 클레임 대응에 전문적인 담당자를 두고 있지 않다. 때문에 화가 난 고객을 응대하는 일이 직원들에게는 가장 어려운 일이기도 하다. 특히 경험이 적은 직원이라면 고객의 클레임 대응이 더더욱 쉽지 않은 일이다. 상품이나 서비스에 불만을 품은 고객은 쉽게 흥분하고 무례하며 감정적이고 공격적이다. 때로는 다짜고짜 전화를 받은 사람에게 화풀이부터 하기도 한다. 이런 상황에서는 어떻게 대응하는 것이 좋을까?

**고객**    여보세요. 정수기 회사인가요? 그쪽 정수기를 쓰고 있는 음식점인데요. 지금 갑자기 냉수가 나오지 않거든요. 당

| | 장 정수기를 고쳐줬으면 합니다. |
|---|---|
| 직원 | 지금은 수리하는 기사분들이 전부 외근 중이어서요. 혹시 사장님 쓰시는 정수기 품질보증 기간이 언제까지인가요? |
| 고객 | 그건 모르겠고요. 영업하는 음식점인데 정수기가 고장 나서 장사를 못하고 있단 말입니다. 당장 와서 고쳐 주세요! |
| 직원 | …네. 가급적 빠르게 가겠습니다. 주소가 어딘지 알려주세요. |
| 고객 | 경기도 파주시 탄현면 ○○○ ○○빌딩 1층입니다. |
| 직원 | 아…. 거기는 너무 멀어서 오늘 중으로 가기는 어려울 것 같은데요. |
| 고객 | (버럭 소리를 지르며)뭔 소리야? 물건을 팔았으면 끝까지 책임을 져야지. 2시간 내로 오지 않으면 손해배상 청구할 거요! |
| 직원 | 죄송합니다. 가능한 빨리 갈 수 있도록 하겠습니다. |
| 고객 | 지금 한 말 모두 녹음했으니까 2시간 이내로 오시오! |

이 전화를 받은 직원은 고객불만 응대에 대한 기본 지식이 없는 사람이다. 고객이 화를 내고 있다고 해서 그의 요구를 그대로 들어주겠다고 말했기 때문이다. 고객의 요구는 수용할 수 있는 것이 있고 없는 것이 있다. 상품의 고장 문의에 대해서 대응하는 방법

은 상품 매뉴얼이나 판매계약 조항에도 모두 기재되어 있다.

　이와 같은 상황에서는 일단 흥분한 고객의 말을 차분하게 들은 다음 서비스가 언제 가능할지 내부적으로 신속하게 확인하고 연락드리겠다고 말하는 것이 정답이다. 직원들은 고객이 원하는 것, 기대하는 것을 정확하게 짚어내야 한다. 그래야만 고객이 과도한 요구를 할 경우 정중하지만 당당하게 거절할 수 있다.

　성급하게 거절해서는 안 된다. 일단 화가 난 고객을 진정시키는 일이 급선무다. "네, 정말 화가 나실만 하네요"와 같이 고객의 말에 공감을 표시하면서 고객의 분노가 진정되기를 기다린다. 그런 다음 고객의 문제를 해결하기 위해 대응한다. 불친절하게 대하고 냉담하게 반응하면 고객에게 나쁜 감정을 주게 되고, 이런 감정을 가진 고객은 다시는 그 회사의 제품을 찾지 않을 것이다.

ASSERTIVE COMMUNICATION SKILL

# 인격에 대한
# 모욕적인 공격을 받았을 때

상사에게 인격적 모독에 가까운 공격을 받는다면 이성을 통제하기 어려울 수도 있다. 그러나 그와 똑같이 반응한다면 부정적인 행동에 동조하는 짓일 뿐이다. 상대가 부당한 언사로 공격을 해 오면 크게 심호흡하고 나서 차분한 태도로 대응하도록 한다. 언제나 그렇듯이, 대화에서의 최종 승자는 냉정함을 잃지 않는 사람이다.

**팀장** (화를 내며)뭐하는 거야? 전부터 단가협상을 해야 한다고 그렇게 말했는데 지금까지 뭐하다가 이런 청구서를 날아오게 하는 거야? 머저리 같으니라고!

**팀원** 죄송합니다. 제 잘못이 분명합니다만, 팀장님. 여기는 회사입니다. 머저리 같다는 표현은 말아주셨으면 합니다.

**상사**  뭐야? 이렇게 된 건 네 책임이잖아!

**부하**  (차분하게)제 잘못은 인정합니다. 잘못한 것은 인정하고 사과드리겠습니다. 그러나 인격적인 모독은 참기 어렵습니다. 모쪼록 부탁드립니다.

**상사**  흠흠…. 뭐, 알아들었으면 됐어.

상사가 흥분하며 인격적인 모독을 가하더라도 부하직원이 차분하고 냉정하게 대응하면 상사도 이에 동조해 점차 냉정을 되찾게 되는 것이다. 무조건 겁에만 질려 있으면 상대는 오히려 점점 더 공격적으로 변해가지만, 반대로 차분하게 대응하면 주도권을 잡을 수 있게 된다.

# 업무적인 친절을
# 개인적인 호감으로 착각할 때

상대방의 호의를 자신에 대한 호감으로 착각해서 문제가 일어나는 일은 흔하다. 특히 여성 부하직원을 둔 남성 상사라면 한두 번은 경험해 보았을 일이다. 친절하고 언제나 방긋 웃어주는 여직원에게 호감을 느끼는 것은 인지상정일 테지만 '혹시 나한테 마음이 있는 것 아닌가'라는 생각으로 경계를 넘어서면 곤란하다. 어느 순간 과도한 관심을 보이는 상사에게는 어떻게 대응해야 할까.

**팀장**    미정 씨. 이번 프로젝트는 힘들었지만 결과가 좋아 다행이야. 거래처 사람들도 만족하고 말이야. 여러 가지로 고마워.

**팀원**    (환하게 웃으며) 와~, 감사합니다. 팀장님은 칭찬을 정말

|      | 잘 하시네요.

| 팀장 | 아니야, 진짜 그렇게 생각하고 있어. 요즈음 연일 야근이었잖아. 데이트할 시간도 없었지?

| 팀원 | 호호호, 상대가 있어야 데이트를 하죠.

| 팀장 | (진지한 표정으로)아니, 미정 씨 같은 사람이 애인이 없단 말이야?

| 팀원 | 아이, 없어요.

| 팀장 | (갑자기 몸을 내밀면서)아, 그런가? 언제부터 싱글이었던 거야? 내가 한 명 소개해줄까?

대화가 마지막에 이르러서는 점점 어색하고 위험해진다.

아무리 나이 차가 있더라도 남자 상사와 단 둘이 있을 때 오해하기 쉬운 대화는 가급적 나누지 않는 것이 좋다. 농담 삼아 애인이 없다, 소개해 달라는 말을 할 때는 더욱 주의해야 한다. 이런 말을 듣고 착각해서 상사가 들이대는 경우도 있다.

만약 이런 대화가 시작될 조짐이 보이면 적당하게 방어막을 치는 것이 좋다. "사귀는 사람은 없지만 마음에 두고 있는 사람은 있어요." 그러고 나서 자연스럽게 업무에 대한 얘기로 화제를 옮기는 것이다. "이것 내일 거래처에 들고 갈 예산서인데요. 어느 선까지 가격을 조절할 수 있을까요?"

# 부부싸움이 벌어졌을 때

성공적인 결혼생활의 핵심은 수시로 커뮤니케이션하는 것이다. 자신의 감정을 솔직하게 표현하지 않으면 친밀도는 떨어지고 불필요한 오해가 생겨나며, 사소한 일이 걷잡을 수 없이 커지기도 한다. 불만이 해소되지 않고 지속되면 결국 파괴적인 방식으로 표출되어 파국을 맞이할 수밖에 없다. 올바른 커뮤니케이션은 이러한 상황을 미연에 방지할 수 있다.

싸우지 않고 살아가는 부부는 없다. 게다가 적절한 싸움은 마음속 감정을 효과적으로 배출해서 사랑이 더욱 깊어지게 만드는 효과도 있다. 산이 높으면 골도 깊다고 하지 않던가.

부부싸움은 대부분 다음과 같은 원인으로 일어난다. 첫 번째는 배우자의 인격을 무시하는 말 때문이다. 상대의 외모나 취향을 무시하는 것이다. 집안 정리가 익숙하지 않은 사람에게 "너희 집은 정리도 안 하고 살았니? 그러니까 네가 이렇게 정리를 못하지"라며 상대방의 집안까지 들먹이는 것은 최악이다. 두 번째는 배우자를 존중하지 않고 막무가내로 이래라 저래라 강요하고 지시했을 때 싸움이 일어난다. 세 번째는 대화를 하지 않기 때문에 일어난다. 시로 속 깊은 대화를 나누지 않으니 상대가 무엇을 원하는지 무엇이 고민인지 알지 못하고, 이를 자기도 모르게 건드리면 폭발하고 마는 것이다.

자, 어차피 할 수밖에 없는 부부싸움이라면 어떻게 해야 좀 더 현명하게 해결할 수 있을까?

### 싸움의 목적을 안다

상대를 적이라고 보지 않아야 한다. 부모나 형제자매 같은 친밀한 관계에서 싸우는 이유는 "나를 더 이해해 줘", "우리 잘 살아보자"라는 목적이 크다. 누구 한쪽의 일방적인 승리를 위한 것이 아니다. 사랑하니까, 함께 살아가야 하니까 싸우는 것이다.

## 그 상황에 일어난 문제만 얘기한다

화를 가라앉히고 '분노의 감정'과 '분노의 원인이 된 문제'로 나누어 생각해보자. 이 두 가지는 분명 다르다.

많은 사람들이 싸움의 원인을 상대 탓으로 돌리면서 화풀이를 하곤 하는데 이래서는 근본적인 원인을 해결할 수 없다. 집안정리를 안 했기 때문인지, 아이가 공부를 안 해서인지, 펑크 난 이번 달 가계부 때문인지 원인을 명확하게 직시해야 문제해결의 실마리가 풀린다. 이때 다른 문제를 연계하지 않도록 한다. 이전에 있었던 문제는 다른 기회에 얘기하도록 하고 지금은 눈앞에 일어난 문제에 집중하도록 한다.

## 대등한 입장에서 싸운다

싸움을 하면서 유리한 입장에 서려고 한다거나, 이겨야 한다고 생각해서는 안 된다. 두 사람은 적대관계가 아니라 협력적인 관계이고 운명공동체임을 잊지 말아야 한다. 불평이나 불만을 얘기할 때는 비난하는 말투가 되지 않도록 "나는 이렇게 생각해"라고 '아이(I)' 메시지로 말하고 상대를 탓하는 말투는 삼가야 한다.

### 절대 해서는 안 되는 말이 있다

아무리 흥분했다고 하더라도 헤어지자고 말하거나, 집에서 나가라, 실은 당신하고 결혼하고 싶지 않았다는 등의 말을 꺼내서는 안 된다. 이런 말을 한 번 꺼내기 시작하면 점점 무감각해져서 나중에는 시도 때도 없이 나오게 된다. 배우자의 수입이나 직업에 대한 불만, 시댁이나 처가에 대한 험담도 절대 해서는 안 될 말이다.

### 싸움 후에는 냉각기를 갖는다

일전을 벌이고 난 후에는 잠시 냉각기를 갖는 것도 좋다. 가까운 친구와 술을 마시며 하소연을 하는 것도 좋고, 사우나에서 뜨거운 물에 몸을 담구고 열을 식히는 것도 방법이다. 이참에 보고 싶었던 영화를 챙겨보는 것도 방법이다. 잠시 냉각기를 가지면서 냉정함을 되찾으면 '도대체 내가 왜 그렇게 흥분했지? 사실 아무것도 아닌 일인데…'라는 생각이 들 수도 있다. 부부싸움은 어차피 일진일퇴(一進一退)의 끝이 없는 전쟁이다. 잠시 쉬어가는 시간도 필요하다.

## 싸운 후에 화해하는 기술

실제 본인이 잘못한 것이 없다고 하더라도 "미안해"하고 화해의 계기를 만드는 것이 좋다. 상대를 화나게 한 '자신의 잘못'을 인정하는 것이다. 사과할 때는 "미안해, 하지만…"이라거나, "나도 잘못한 건 없지만, 당신이 먼저 화냈잖아"라는 식의 책임전가나 변명은 금물이다. 그저 "화나게 해서 미안해"라고만 얘기하는 것이 좋다.

이럴 때는 먼저 "미안해"하고 말한 사람의 체면을 세워주는 것도 좋다. 사과의 말을 먼저 꺼낸다는 것은 "당신이 나한테 중요한 사람이야"는 의미이기 때문이다. 여러 말이 필요 없다. 단순하게 "나도 미안해"라고 말하면 된다. 간혹 화해의 말을 문자나 모바일 메신저로 보내는 경우도 있는데, 이것은 결코 좋은 방법이 아니다. 직접 얼굴을 보면서 사과의 말을 해야 본인의 진심이 그대로 전달된다.

싸우고 나서는 그냥 잊어버릴 것이 아니라 상대를 화나게 한 말이 뭐였는지, 자신이 어떤 점을 고쳐야 하는지 생각해 본다. 이렇게 해서 점점 수준 높은(?) 부부싸움으로 나아가는 것이다.

나는 이제
하고 싶은 말을
하기로 했다

1판 1쇄 인쇄 | 2017년 9월 20일
1판 1쇄 발행 | 2017년 9월 25일

**지은이** 강경희
**펴낸이** 김기옥

**기획1팀** 모민원, 정경미
**커뮤니케이션 플래너** 박진모
**경영지원** 고광현, 김형식, 임민진, 김주현

**디자인** 디자인허브
**인쇄 · 제본** 민언프린텍

**펴낸곳** 한스미디어(한즈미디어(주))
**주소** 우편번호 121-839 서울특별시 마포구 양화로 11길 13 (서교동, 강원빌딩 5층)
**전화** 02-707-0337 | **팩스** 02-707-0198 | **홈페이지** www.hansmedia.com
**출판신고번호** 제 313-2003-227호 | **신고일자** 2003년 6월 25일
**ISBN** 979-11-6007-182-5   13320

책값은 뒤표지에 있습니다.
잘못 만들어진 책은 구입하신 서점에서 교환해 드립니다.